ちくま文庫

消えた国　追われた人々

東プロシアの旅

池内紀

筑摩書房

消えた国　追われた人々——東プロシアの旅

目次

写真―池内　郁

はじめに

この紀行記は三度の旅に基づいている。最初はポーランドのワルシャワに五日、ダンツィヒ（現ポーランド名グダニスク）に三日、計八日の旅だった。二度目はバルト三国の一つリトアニアの首都ビリニュスへ飛び、列車で先にケーニヒスベルク（現ロシア名カリーニングラード）、そのあとメーメル（現リトアニア名クライペダ）、ラトヴィアのリーバウ（現ラトヴィア名リエパーヤ）を訪ねた。三度目はベルリン発の列車でバルト海沿いを東へすすみ、あちこち途中下車しながらダンツィヒを再訪。二〇〇二年から二〇〇八年にかけてのことで、どの場合も、足場にした都市から周辺の町へ足をのばした。駆け足のケースも含め、訪れたところを合計すると、二十にあまる。

それにしても「消えた国 追われた人々」とは、おだやかでない。いったい、それはどこの国で、どのようにして追われたのか？

世界地図を開いていただこう。ふだん開いてながめるところとは、まるでちがうかもしれない。フランスでもイギリスでもアメリカでもない。パリでもロンドンでもニューヨークでもない。ポーランドの北部、バルト海に面したあたり。都市でいうと、いまあげたダンツィヒやケーニヒスベルク。いや、いまの世界地図に、そんな都市は出ていない。見つかるとすれば一九四五年以前の地図であって、そこには大きく「東プロシア」としるされているだろう。色わけではドイツと同じだが、州とも国とも判然としない。

現在の地図だと北部ポーランドと隣り合ってロシアの飛び地カリーニングラード州があり、その北がリトアニアである。旧の地図の「東プロシア」は、これら三つのどれにも、範囲をちがえてかさなっている。この地域の主だった都市はドイツ人がつくった。古いところは中世にさかのぼり、そのため市庁舎や教会や旧貴族の館は北ドイツと同じ赤黒いレンガ造りで、五本指を立てたような独特の正面飾《ファサーデ》りを持っている。

旧ドイツ帝国の母胎となったプロシア（プロイセン）はおなじみだが、東プロシアとは聞きなれない。「ユンカー」とよばれたプロシアの豪族がプロシア王国の屋台骨を支え、その大立物の一人がビスマルクだった。そんなことを学校で世界史の時間に勉強したが、その際、東プロシア国などのことは一言半句も知らされなかった。

まこと奇妙な国であれ、東プロシアはたしかに地図にもあれば、地上にも存在した。人口は二百万にちかく、初まりをたどっていくと七百年の歴史をもつ。首都はケーニヒスベルク——くどいようだが、いま述べたとおり、その名はもはや存在せず、ロシアの飛び地カリーニングラード州の州都カリーニングラード——かつてそこには、プロシア王をいただく王宮もあれば、裁判所、議事堂もあり、軍隊もいた。哲学者カントはこの国に生まれ、ケーニヒスベルク大学で学び、卒業後は母校の哲学教授になった。生涯にわたり首都ケーニヒスベルクからほとんど出ず、東プロシアから一歩も出なかった。『純粋理性批判』をはじめとするカント哲学は、この辺境からヨーロッパの知的世界へと送られた。

第一次世界大戦後のヴェルサイユ条約によって国境が変化し、東プロシアはドイツと切り離された。海づたいに隣り合った軍港ダンツィヒはどこにも所属しない「自由都市」となったが、住人の大半はドイツ人だった。ヒトラーが強硬にドイツ本国と結ぶ「ポーランド回廊」を要求したのは、それだけこの都市が戦略的にも重要だったせいだろう。ポーランド政府は拒否、第二次大戦勃発の口火となった。

ソ連軍がポーランド国境をこえて東プロシアに入ったのは、一九四五年一月である。二百万ドイツ系住民の一斉避難が始まったが、すでに遅すぎた。正確な情報が伝えられていなかったし、それに先祖伝来の土地や建物、身のまわりのいっさいを残して、いったいどこへ行けばいい？

すべてが終わったとき、国は消え、追われた人々はもどってこなかった。ながらくなじんだ都市はなく、町や村は名前をかえ、自分の家や店に他人が住んでいるというのに、どうして帰ることができようか。

グストロフ号出港す

ポーランド北部グディニア駅。バルト海に面した港町である。雑然とした駅前で、三方に広い道路が走っている。

とりあえず港に向かって歩きだした。それなりに活気がある。できたばかりといった感じの巨大なスーパー、隣りの駐車場はほぼ満パイ。入口でアイスクリームを舐めている娘たち。

ポーランド人は九月を「黄金月」と呼ぶ。山野がいっせいに紅葉するせいと思っていたが、そもそもポーランドには山などほとんどないのである。どこまでも平べったい野がつづく。バルト海に近づくと、わずかに山らしいものがあらわれるが、こちらには「紅葉を賞《め》でる」といった風習はないらしく、誰も山など見向きもしない。

陽ざしは眩しいが、やはり夏が終わったあとのやわらぎがある。夕方には町を澄んだ黄金色に染めわける。この点ではいかにも黄金月だ。朝夕は涼しいが、昼間は暑くもなく寒くもない。まさに黄金の中庸で過ごしやすい。

通りの建物は高いのや低いのや、古いのや新しいのやらが無秩序にまじり合っている。安っぽいコンクリートと軒を接して最新技術をひけらかすていの総ガラス造り。わがニッポン国とそっくりであって、まるで首都圏のどこかの町を歩いているぐあいだ。ふつう、こちらでこれだけの都市であれば、きっと由緒ありげな教会や旧貴族の館があり、またポーランド北部におなじみの重厚な赤レンガ造りで、正面を紋章で飾った建物が景観に趣きを与えているものだが、どこにもそんなけはいがない。多少とも古めかしいのでも、せいぜい横浜の旧税関といったしろもので、事実、税関の建物らしい。歩道が波打っていて、あやうく転びかけた。この点でもニッポン国の中都市とそっくりである。

三叉路の角に大看板が立っていて〝デパート・バトリー〟とある。新築らしく、いかにも派手な建物だ。〝バトリー〟と称する理由がある。かつての有名なポーランドの豪華客船であって、グディニアとニューヨークを往き来していた。「ポーランド移民」と呼ばれた人々はバトリー号の三等船客として大西洋を渡ったはずである。

一つ通りをまちがえたらしい。豪華客船が出入りした中央桟橋ではなく、造船所のあるほうに出てしまった。怪獣が首をもたげたように黒ずんだクレーンが並んでいる。鋲を打つようなカン高い音が流れてきた。海は見えるが、海の匂いといったものはまるきりしない。九月の陽光を受けて、海面が濃い紫に見える。私は金網にそって右に曲がった。

しばらく行くと金網が切れて、いちどに前がひらけた。いかめしい巡洋艦が横づけになっている。そのうしろに高い帆柱つきのイキな帆船。対比がなんとも奇妙である。ともに国旗の満艦飾で、巡洋艦の砲台にまたがり少年が三人、アイスクリームを舐めている。ポーランド人はよほどアイスクリームが好きらしい。

どちらも観光用で、水兵服の男は、切符売り、あるいは船内を案内してまわる。あまり客はこないらしく、腕っぷしの強そうな男たちがあどけない水兵服で、手もちぶさたにおしゃべりしていた。甲板に潜水艦と魚雷とが陳列してあって、内部が見えるように三分の一ばかりが切り開けてある。潜水艦も魚雷も陸に上がると、おごそかな鋼鉄製の、それでいてたわいのないつくりものに見えてくる。

巡洋艦は「雷光号」といい、第二次世界大戦ではダンケルクで活躍、ナルヴィク海

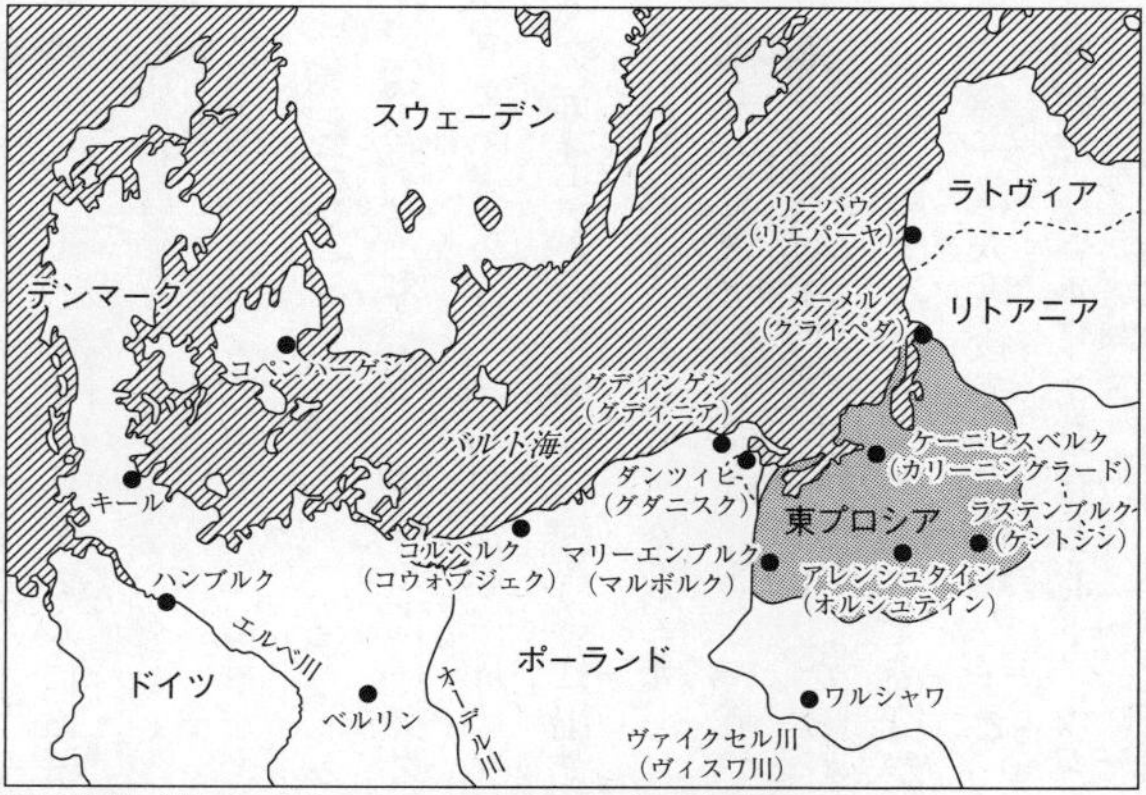

関連地図（地図はドイツ名。カッコ内は現在の地名）

戦にも参加したとか。帆船は「ポモルツァ号」といって一九〇九年就航。三本マストの高さ四十メートル、帆を全開にすると二千平方メートルに及ぶ。永らく商船学校練習船として多くの船員を育て……

何の気なしに説明板を読んでいて、ふと目がとまった。帆船を造ったドックの名前。"Hamburger Werft Blohm & Voss"（ハンブルクの造船所ブローム＝ヴォス社）名前に見覚えがある。客船ヴィルヘルム・グストロフ号を建造した。ナチス・ドイツが誇った豪華客船である。一九四五年一月、グストロフ号は一万をこえるドイツ避難民をのせてグディニア港を出港。沖合いに出てまなしに魚雷三発をくらって沈没、公式発表によれば「六千人あまり」が死んだ。

グディニアに古い建物がないのは、新しい町であるからで、一九二〇年ごろ、ここは少数民族カシューブ人の住む小さな漁村だった。それが十年後には、すでに人口十数万を数えていた。おそろしく急テンポで港町がつくられた。ヨーロッパの状況と結びついており、第一次大戦後の混乱の申し子というものだった。

ポーランド北西部、ベルリンを含む北ドイツと接した辺りは、つねづね争いのタネになってきた。あるときはドイツ領、あるときはポーランド領。第一次大戦の終了とともにポーランドが独立、新しい国境線が引かれて問題の北西部の多くがポーランドに組みこまれた。ただし、その東のダンツィヒはドイツ人の自由都市として存続。ポーランドは広大な領土を得たかわりにバルト海交易の拠点を失った。早急に港をつくらなくてはならない。西隣りの漁村に目をつけ、入植者を送りこむ一方、国家事業として港湾都市グディニアを建設、ドイツ名はグディンゲン。桟橋から市内へと、おそろしく広い道路が二本ものびているのは、何もない原野に青写真をあてがって一気呵成につくったからだ。

やがてグディニア港の桟橋にバトリー号などの客船が発着しはじめた。三等船客として出ていった人が成功を収め、一等船客として里帰りしてくる。山のような土産を積んだ車にアメリカ国旗をなびかせて広い道路を疾駆した。

一九三三年、隣国ドイツでヒトラーが政権を掌握、ベルリンの国会議事堂にはカギ十字の旗がひるがえった。ついでナチスの一党独裁。是非を問う総選挙で有権者の八八パーセントがナチスを支持した。翌年、ヒトラー、総統となる。演説ではつねに旧領土の回復を叫んだ。一九三八年、ダンツィヒのドイツ返還、合わせて自動車道路（ポーランド回廊）の建造を要求。ポーランド政府はこれを拒否した。

第二次大戦は一九三九年九月一日、ドイツ軍のポーランド侵攻にはじまる。より正確にいうと、ダンツィヒ近傍ではじまっていた。ドイツ海軍がダンツィヒ湾に突き出たポーランド軍要塞ヴェスタープラッテに砲撃を開始した。ヴァイクセル川(ポーランド名ヴィスワ川)の河口の軍要地である。ドイツ側はせいぜい数日でケリがつくと考えていたようだが、ポーランド軍の抵抗にあってひと月あまりかかり、十月五日にようやく制圧。先立って九月末に、すでに首都ワルシャワが陥落していた。

私は前日、ヴェスタープラッテを訪れたばかりだった。訪れたといっても、要するに何もない。あっけらかんとして何もないのである。かつて広大な要塞に軍需品を運んだ鉄道の線路だけが、ところどころに残っていた。建物はすべて撤去され、防空壕は埋められた。小高い丘に、だだっぴろい道が一本、左に簡素な無名戦士の墓、右に小型の戦車が一台、コンクリートの台にのせてあった。ただそれだけ。広い道路をまっすぐ進むと、もんどり打って海に落ちこむ。

ヒトラーが執拗にダンツィヒの返還を要求したのは、古くからドイツ人が町づくりをしたこと以上に、戦略上からも、どうしても必要な拠点であったせいだろう。ダンツィヒの東には、孤島のように取り残されたドイツ領東プロシアがあり、二百万のドイツ人が住んでいる。昨日今日のことではなく、すでに何百年来、住んできた。これをむすぶはずの回廊建設を拒否されたとき、チョビひげの独裁者は側近たちに、こともなげに言った。

「――ならば、領土でむすべばいい」

ワルシャワが落ち、孤島は大ドイツ帝国と地つづきになった。ヒトラーはさっそく東プロシアのヘソにあたるところに「狼の巣」と呼ばれる特異な基地をつくらせた。広大な森のなかに途方もない厚みをもったコンクリートの建物が点在している。ソ連との開戦にそなえた東部司令部であるとともに、孤島に打ち込んだ楔《くさび》の意味をおびていたことはあきらかだ。

味もそっけもない名前である。東プロシア。ゆかりの人物は哲学者カントだけではない。ドイツ・ロマン派の作家ホフマンは東プロシアに生まれ、カントのいる大学で法律を学び、裁判官になった。ホフマンの小説のなかには、おりにつけ、人も獣も鳥もいないような荒寥とした風景が語られているが、それはロマン派の想像力の産物というよりも、たぶんに作者の目が見たとおりのものだった。

映画『会議は踊る』の主題歌「ただ一度だけ」は、かつて世界中で歌われた。その作曲家ヴェルナー・ハイマンは東プロシアの人だった。画家ケーテ・コルヴィッツを知る人はいても、彼女が東プロシア人だったことは知られていない。戦後ドイツのもっとも優れた詩人ヨハネス・ボブロフスキーは東プロシアの町ティルジットで生まれ、そこで育った。彼は自分の生国の歴史を「不幸と罪の長いつながり」と呼んだ。「消すことも償うこともできないが、詩のなかでは語ることができる……」

首都ベルリンをもつプロシア王国の東にあたるので東プロシア。プロシア王の二男や三男がやってきて宮廷をつくった。だからケーニヒスベルクの裁判所も議事堂も行政府も郵便局も大学も、建物の正面にはきっと王冠をいただく紋章がつけられていた。国王がいれば臣民もいる。国王は臣民に約束し、統治し、官僚が書類をつくった。そんなふうにして永い歳月が過ぎた。

たしかにへんな国だった。町ごとに人種の構成がちがっていた。風習も、好みも、食事もちがっていた。ある町はドイツ人が、べつの町はポーランド人がつくり、またべつの町はロシア人、さらにまたべつの町はリトアニア人がつくった。そこにカシューブ人の漁村や、ソルブ人の集落がまじっていた。ゆるやかに住み分けをして、それぞれの風習や好みや伝統に従って生きていた。問題があれば、それぞれが自治権を行使して解決した。どの町にも少数のよそ者がいて、その多くがユダヤ人だった。

そんな国が、たしかに地上に存在した。それが証拠に——くり返しいうが——第二次世界大戦以前の世界地図を見ると、バルト海に面した弓形の地形に色分けがされ、「東プロシア」の文字がついている。海沿いにはドイツ語で「ハフ」と呼ばれる大きな「潟」がひろがっている。湖であって同時に海でもある。あるいは湖でもなければ海でもない。そのあたりが、このへんてこな国に似合っている。広大にひろがっているが水深は浅いのだ。冬になると、いちめんに凍りつく。戦争でぶん取らなくても、雪の季節には国土が二割がたふえるのだ。その上をソリで走れるし、散歩もできる。

だが、その国は一夜にして消え失せた。地図から消され、法律からはじき出され、行政の関知しないところとなった。詩人ボブロフスキーの言った「不幸と罪」のせいかもしれない。国王は忘れられ、臣民は忘れられ、存在したことも忘れられた。存在そのものが、いたってあやふやだったので、忘れるのにも、さして手がかからなかった。

しかし、その国が消え失せる寸前のことは、思い出す人がいたし、それに、ことのついでにその国の過去をさぐってみるのも意味があるのではなかろうか。というのはそのとき、むしろ現在の国家というもの、国というもの、国民というものの異様さに思いあたるかもしれないからだ。かつてあったなかで、とりわけ存在のあやふやだった国であるが、「民族共存」といった官製のスローガンなどなしに、ごく自然にそれを実現していたし、異なる宗教のもとに、こともなげに神たちも共存させていた。予算の乏しい町や村の人々は、一つの聖堂で二人の神の儀式をすましたりした。

生まれた国と育った国、選んだ国と捨てた国、二十一世紀的「国の選別」のヒナ型がある。国そのものが人によって選びとられ、また捨てられた。あるいは強引に捨てさせられた。そして百万単位の「難民」と呼ばれる人々が生まれた。これもまた、いち早く二十一世紀を先取りしていた。

いまは船の話をしよう。グディニア港の中央桟橋に横づけされていた巨大な船。生誕からして不幸を運命づけられていたのかもしれないが、新しいデパートに名前をのこしたりしなかった。ヴィルヘルム・グストロフ号は、当時、世界一の豪華客船だった。全長二〇八・五メートル、幅二三・六メートル、高さ七メートル、客室四六三室、

初航海に出発する客船ヴィルヘルム・グストロフ号（1938年）

定員一四六三名、乗務員四二六名。二つの食堂と、三つの談話室と、劇場とコンサートホールと体操場と室内プールを備えていた。建造は先にも触れたようにハンブルクのブローム＝ヴォス造船所、一九三六年に建造にかかり、翌年完成した。

その一九三六年二月、一つの事件があった。スイスにおけるナチス思想宣伝の指導者ヴィルヘルム・グストロフがユダヤ人青年ダヴィット・フランクフルターに射殺された。ナチス政府は犯人のドイツ引き渡しを要求したが、スイスの裁判所は許可しなかった。ドイツへ送れば直ちに殺されるのが目に見えていたからである。判決は十八年の刑。青年は胸を患っていた。なぜナチス指導者を殺害したのか、理由は告げられないままに終わった。

二年後にパリで起きた事件と似ていたかもしれない。一九三八年十一月、十七歳のポーランド系ユダヤ人が在パリのドイツ大使館書記官を射殺した。裁判は途中で打ち切られた。同性愛のからんだ犯行という個人的動機が明るみに出そうになったからだろう。

ナチスはいずれも、大々的に反ユダヤ・キャンペーンに利用した。ユダヤ人の陰謀であって、「世界ユダヤ民族」が第三帝国に仕掛けている戦争だというのだ。

ヴィルヘルム・グストロフの遺骸は郷里の北ドイツ・シュヴェリーンに送られ、記念碑が建てられた。さらに翌年、ハンブルクで完成した豪華客船にヴィルヘルム・グストロフの名がつけられた。単なる客船ではなかった。ナチス・ドイツの大きな柱だった「ドイツ労働戦線」所属のＫｄＦ《カーデーエフ》船団の一つだった。ＫｄＦはドイツ語「クラフト・ドゥルヒ・フロイデ（よろこびを通して力を）」の略字であって、当時の日本では「歓喜力行」と訳されていた。ドイツ労働戦線は民衆のための船の旅を主催していた。発案した人物ローベルト・ライ（一八九〇―一九四五）はナチ党幹部として、宣伝を担当したゲッベルスと並ぶ知恵者だった。もともと天才的な組織者であって、左翼の牙城として強大な力をもっていた労働組合を一元化し、第三帝国唯一の「ドイツ労働戦線」に再編した人物である。

とりわけローベルト・ライが力を注いだのは船の建造だった。一九三三年から三年ばかりのあいだに計八隻の二万トンから三万トンの豪華客船が進水をみた。ヴィルヘルム・グストロフ号もその一つで、一等、二等といった等級をもたず、国の補助のもとにとびきり安い値段で船旅ができる。ＫｄＦ船団はまさしくナチズムの唱える「国民社会主義」を実現したものとして熱狂的に歓迎された。それまで共産党や社民党に投票していた人々が、なだれを打つようにしてナチ党に転じ、ヒトラーが圧倒的な信任を得た背後には、眩しいほど白い客船による夢の船旅があった。

一九四五年一月、ヴィルヘルム・グストロフ号はグディニア港に碇泊していた。とっくに夢の時代は終わっていた。大戦勃発とともにKdF船団は戦線に投入され、兵を輸送、あるいは病院船に登用された。港はポーランド名のグディニアとも、そのドイツ名のグディンゲンとも言わなかった。いわばナチス語で「ゴーテンハーフェン(ゴート族の港)」と、きわめてゲルマン風の名に改められていた。町のありさまも、まるでちがっていた。通りも建物も広場も、人、人、人で埋めつくされていた。誰もが両手に荷物を提げ、また背中にくくりつけ、疲れはて、汚れていた。東プロシアから逃れてきた。まだ「ドイツ難民」といった言い廻しはなかった。さしあたりは故郷を捨てなくてはならなかった人々である。ソ連軍が東部戦線で大攻撃を開始したのが一年前の一九四四年一月である。同年八月、ワルシャワ市民蜂起。そして、パリ解放。ソ連軍は「赤軍」と呼ばれていて、赤い戦線がじりじりと迫ってくる。ドイツ軍がソ連領内でやらかしたことを知っていれば、同じことが倍返しでくり返されるのもわかっていたはずだが、東プロシアの人々は、事実を知らされていなかった。だから脱出が遅れた。「ゴート族の港」に二十万にちかい人々がひしめいていた。大半が歩いてきた。道路を避け、凍りついた潟を通ってきた人もいる。ソ連軍の飛行機が上空からめったやたらに射撃した。人間を狙うまでもない。氷を射ちつづけていさえすればよかった。目の前で氷面が裂け、人々は凍りつく水に落ちた。数えようがないせいだろう。その死者の数は五千とも、二万ともいわれて、定かではない。

とめどない混乱のなかで、やっと港にたどりついた人々だった。そのなかから主に女と子供が選り分けられた。一九四五年一月三十日、火曜日。早朝六時、乗船のはじまり。港を埋めつくして長大な人の列ができた。乗船名簿は六千六百名でとぎれる。記載すべき名簿の紙がなかったからだ。事件のあと、公式発表の死者が六千名あまりとされたのはそのせいだが、その後も乗船はつづいた。実際の推定死者は九千余名といわれている。現在に至るまで死亡者数が確定していないのだ。

十二時三十分、出港、四隻のタグボートが曳航した。だが、すぐに停止。東プロシア東部の港から蒸気船で脱出してきた人々が乗船を要求したからである。グストロフ号のタラップが下ろされ、人々が乗り移ってきた。その数は五百とも七百とも、さらにもっと多数とも定かでない。研究者にもきめ手がない。

ダンツィヒ湾の前方には防波堤のようにヘラ半島がのびている。その半島に近づいたところで再び停止。護衛艦を待つためだった。予定では三隻のはずが、やってきたのは駆逐艦〝獅子号〟と水雷探知船TF1号のみ。

再度の出航にあたり司令塔で激論があった。ヘラ半島を廻って西に向かうにあたり、陸地寄りの浅海ルートをとるか、沖合いの深海ルートをとるか。速度は十二ノットがいいか、最速の十五ノットとするか。ペーターゼン船長の決定は深海ルート。速度は十二ノット。この時点で天候予測の無線が入っていた。西北西の風、風力六ないし七。視界一ないし三海里、吹雪の恐れあり。

十六時すぎ、水雷探知船が船体の故障を伝えてきた。護衛の任を解かれゴーテンハーフェン港に引き返した。

十八時。無線が入り、広範囲にわたる魚雷探知活動実施の予告。航行注意のこと。標識灯をつけるかどうかで再び激論が交わされた。明かりによって衝突は防げるが、ソ連軍潜水艦に察知される恐れがある。船長の決定は標識灯使用。予告時間のすぎた十九時三十分に消灯。だが、この間にソ連軍潜水艦S13号が明かりを探知して追跡態勢に入っていた。

二十一時ごろ、吹雪が収まり、視界がひらけた。温度がさらに降下してマイナス十八度。

二十一時十五分のグストロフ号の位置、北緯55度7分、東経17度42分。地図でいうと現ポーランドの町スウプスク（ドイツ名シュトルプ）から北にのばした線上にあたる。

二十一時十六分。ソ連軍潜水艦S13号より水雷発射。一発目はグストロフ号船首に、二発目は船腹、三発目は機関室に命中。

直ちに船首のハッチが閉じられた。そのため、救出活動にあたるはずの乗組員の多くが、この瞬間に死の決定を下された。船はまもなく爆発を起こし、船尾から沈んでいった。ぶ厚いガラスで仕切られた遊歩デッキに待機を命じられた千にあまる人々は、そこに閉じこめられたまま船と運命をともにした。子供たちは救命具をつけていたが、幼い者たちは頭のほうが重いのだ。海に投げ出され、浮かんでいても頭が水面下になり、靴をはいた両足が棒のように突き出ていた。

死者（推定）九千余名。有名なタイタニック号沈没の死者は、たしか二千にたりなかった。グストロフ号が「史上最大の海難事故」にあたるが、海の事故となると、きまってタイタニックであって、グストロフは出てこない。戦後、ナチスの罪業が糾弾されたなかで、バルト海の海難事故は政治的に封印されたからだ。

それにしても歴史は奇妙ないたずらをする。ナチ党幹部グストロフは一八九五年一月三十日の生まれである。ヒトラーが権力を掌握したのが一九三三年一月三十日のこと。そしてヴィルヘルム・グストロフ号の沈没が一九四五年一月三十日だった。

私がグディニア港にいたのは三時間ばかりである。何もない。何一つない。ポーランド政府には旧東プロシア市民を悼む理由などないのである。記念碑があったが、それは港湾労働者組合に力のあった人、また商船学校の生みの親を称えたものだった。ヴィルヘルム・グストロフ号は出港したまま消え失せた。その名はドイツ人にもタブーとなって封印された。

桟橋には、土産物屋が並んでいた。人のたのしみは古今東西変わらない。大貝の置きものや灰皿、貝殻のネックレス。バルト海名物琥珀《こはく》の飾りもの。安物のスカーフや絵葉書。江の島の土産物屋とそっくり。トレパンの少年が二人、イカ焼きに似たものに、顎をつき出してかぶりついていた。

水の国

「失地回復同盟」といった。あるとき、ベルリンのシャルロッテンブルク城に近い小さな広場で出くわした。

はじめはノミの市が開かれているのかと思った。古いアルバムや絵葉書、ポスターなどが雑然と並べてあったからだ。古時計や、おそろしく年代物のトランクもあった。中央にテーブルとベンチ。髪の白い数人にまじり、鼻ひげに革ジャンの青年がいて、マイクを手に何やらしゃべっていた。早口のうえ訛りの強いドイツ語で、きれぎれにしかわからない。

「ヴァイクセルのかなたの……われらの父や祖父たちの……」

そんな言い廻しが、くり返し出てくる。しばらくして気がついたが、ノミの市ではなく、アルバムや絵葉書や古トランクは主催者側の〝現物資料〟というものらしかった。建物の壁にパネル写真が立てかけてあって、昔なつかしい街のたたずまいを見せている。上に横断幕が掲げてあった。

ヴァイクセルとメーメルのあいだ
失地回復同盟
ベルリン支部

三行に分け、色ちがいの文字でしるされていた。

ドイツでそんな運動があることは、なんとなく知っていた。「失地」を取りもどす。土地は無理だとしても、私有地であったところの権利、建物の所有権、残してきた絵画や貴金属などの返還。

第二次大戦以前、東ヨーロッパ全域にわたり「ドイツ人の町」がちらばっていた。中世以来の東方政策によって、順次ひろがっていったものだ。ズデーテン地方と呼ばれていた現在のチェコ北部からポーランド南部にかけての辺り、「シレジア」の名で親しまれたポーランド西南部、さらに現在はポーランド南東部からウクライナ西部にあたる「ガリチア」地方、「ブコヴィナ」と呼ばれたルーマニア北東部、また黒海に近い辺り。

そのなかで「東プロシア」は、もっともまとまりのある、広大な土地だった。点在した町や村にとどまらず、現リトアニアの一部と、ロシアの飛び地と、ポーランド北部にまたがって、ベルリンと同じ王家をいただく国をつくっていた。首都ケーニヒスベルクが築かれたのは七百年あまり前のこと。以来、北辺の地にあって営々と国づくりをした。

第二次世界大戦の終了とともに、それぞれの地からドイツ人はいっせいに追い出された。その数は、シレジア一帯から三百二十万、ズデーテン地方から二百九十万、北西ポーランド一円から三百万、東プロシアから二百万、その他を合わせ、約一千二百万人と推定されている。土地、建物、財産すべてを残して出ていった。出ていかなくてはならなかった。

こちらは「失地回復」といったことに興味はない。そもそもそんなことが実現するとは思わない。すでに半世紀以上もの歳月が流れ、政治体制、経済状況もすっかり変化した。

それでも多少とも関心ありげに鼻ひげの演説を聞き、白髪の紳士からパンフレットやチラシをもらったりした。それでわかったが、失地回復同盟といっても――少なくともベルリン支部は――ちっとも政治的なものではないらしい。

「先祖の墓参りに行こう！」

チラシの一つは、そんなヴァカンス旅行をすすめていた。旅行会社とタイアップした企画らしく、先祖の墓参りをかねて、東プロシア・ツアーをする。一週間コース、三泊四日コースなどがあって、移動は快適なリムジンバス、ドイツ騎士団ゆかりの古城ホテルに宿泊――。

白髪の人がニコニコしながら古いポスターを見せてくれた。まん中に蒸気船が描かれていて、まわりに飾り書体で「ケーニヒスベルク・メーメル最速船」とうたっている。厳密にいうとポスターではなく、船会社が作った時刻表だったそうだ。なるほど、下に寄港地と到着時刻が表になっていた。クランツ号、メーメル号の隔日運航で、等級別に料金表もついている。

「メーメルというと？」

バルト海の港町にちがいないが、とっさにわからなかった。白髪の紳士は大きくうなずくと、テーブルの地図に顔を近づけ、指でおさえた。かつての東プロシアの最北にあたり、鳥のくちばしのように細くのびた半島の先っぽ。しも手から、この地方に特有の中海が湖のように入りこんでいる。

メーメルとはひびきのやわらかな、いい地名である。「メーメル、メーメル」と、山羊の鳴き声のように口にしたところ、急に紳士がまじめな顔になり、現在はリトアニアの地名で「クライペダ」というと厳粛な口調で言った。ケーニヒスベルクはロシア領だから、むろんメーメルへの船は運行していない。

「ヴァイクセルなら、いまも船旅ができますよ」

チラシの束から船会社の広告をひっぱり出してくれた。グダニスク＝ダンツィヒ市中の運河港が始発で、第二次世界大戦始まりの地ヴェスタープラッテを経由してダンツィヒ湾と向かいのヘラ半島を巡る。もう一つが同じく戦場跡を経由してヴァイクセル川をさかのぼる。

鼻ひげの演説に何度も「ヴァイクセルのかなた」が出てきたのは、つねにこの川が望郷のはじまりであるからだろう。東プロシアの西の国境であって、一方の海を除くと、あとの二辺は時代とともにふくらんだり縮んだりしたが、こちらは終始変わらなかった。

ポーランド語ではヴィスワ川、ポーランド人にとっては「母なる川」である。スロヴァキアとの南の国境にはじまり、古都クラクフ、ワルシャワ市中を流れ、グダニスクの東でバルト海に注ぐ。総延長一〇八七キロ、わが国最長の信濃川の約三倍、流域面積でいうと、日本最大の利根川の十一・五倍。数多くの支流をもっており、いわば一級国道であってながらく巨大な「水の道」をつくってきた。

ヨーロッパの川におなじみで、わが国の川とまるでちがうところだが、川幅があり、水量がゆたかで、流れがゆるやかだ。数千トンの船が悠々と往き来している。要所に河港があって、内陸の町でも川のおかげで交易に参加できる、何世紀にもわたり、通商や貿易で栄えた。たいてい川っぷちに砦《とりで》のような豪壮な石組みがされ、ふところの豊かな商人や船乗りの出入りした優雅な建物があるものだ。カジミエシュ・ドルニィもそんな一つだった。ただし、一つの点で、ほかの河港とはちがっていた。住人の六割がユダヤ人であったことだ。

第二次世界大戦まで、ダンツィヒやワルシャワにはユダヤ人の町「ゲットー」があった。ワルシャワのゲットーはヨーロッパ最大の規模をもち、もっとも多いとき、その人口はワルシャワ全体の四割に及んだ。ナチス・ドイツはポーランド占領後、ワルシャワのユダヤ人をアウシュヴィッツやルブリンの強制収容所へと送った。追いつめられたユダヤ人がゲットーを拠点に一斉蜂起して、壮絶な戦いがあった。ユダヤ人地区は「灰と土」になるまでに焼きつくされた。

並外れて多くのユダヤ人がいたワルシャワですら、総人口の四割どまりだった。とすると住人の六割がユダヤ人であった町の特異さがわかるだろう。ワルシャワの場合、十九世紀の後半にロシアやウクライナからユダヤ人が流入して急激に増えたわけだが、カジミエシュ・ドルニィは中世の昔からユダヤ人が多数派だった。町長はじめ行政職をユダヤ人が占め、ユダヤ教の聖なる日の土曜日にはシナゴーグ（ユダヤ教会堂）で祭祀があり、頭に丸い小さな帽子をのせた信者たちが、上下とも黒ずくめのいで立ちでやってきた。

日曜日は代わってキリスト教の祈りの日である。鐘が鳴りわたると、キリスト者たちが教会へ向かった。多数派は家にひきこもっているので、広場も通りも閑散としていたのではなかろうか。

ワルシャワ発ルブリン行の列車に乗って、途中の小駅で降りた。二台きりのタクシーがとまっていて、どちらも運転手が両脚を外に出してうたた寝している。乗りこんでから肩をつつくと、ゆっくりと起き上がった。

ポーランドは国土の大半が平地、あるいは低地帯だが、南へ行くにつれて、ゆるやかな丘陵があらわれる。そこに貧しげな集落が点在していた。一党独裁が終わって自由化を迎え、首都や商都は色めき立っているが、南部の田舎までは恩恵が及ばない。赤茶けた野のなかの国道には点々と穴ぼこがある。郡道にあたる道は未舗装で、前のトラックが砂ぼこりを巻き上げ、砂つぶが音を立てて窓ガラスに降ってきた。川沿いの道に入ると、きれいな舗装にかわり、緑があらわれた。一方は小さな山がかさなり合ってつづき、対岸は平べったいような丘陵である。ヴィスワ川は上流部にあたるが、すでに水量ゆたかな大河であって、対岸の建物が米つぶほどに小さく見える。

やにわに左折して石畳の道に入り、車が左右にはげしく揺れた。おもわず腰を浮かして、前の座席にしがみついていると、まもなく狭い通りを出て広いところへ走りこんだ。やおらタクシーを下りたとたん、夢のような美しい町の中にいた。

広場のまん中に古風な小屋根をもった古井戸。まわりを中世風の建物がとり巻いている。三層から上が小さくなって塔をもつもの、宮殿のように彫像の立ち並ぶもの。おおかたが赤い屋根だが、そのなかに中世そのままの木組みに、こけら葺《ぶ》きがまじっている。よく見ると、建物の壁ごとにレリーフの絵がついている。聖人伝説や古い王たちを讃えるものらしい。レリーフが風化し、彩色が独特の古色をおびて、まるで幻の絵物語に立ちあっているかのようだ。

ちょうど市《いち》の立つ日だったようで、広場の一方に露天の店が並んでいた。衣類、くだもの、古本、骨董、古道具……。綿アメに似た子供の食べ物があって、親子づれが代わりばんこに食べている。どういわれか、広場の隅に犬の銅像が台座の上に据えられていた。精悍な黒犬で、みんなが鼻先を撫でまわすものだから、そこだけがやさしげな桃色に変わっている。

教会のある高台にのぼると、町のかたちがよくわかる。二つの岩山のあいだの小さな盆地状にひらけたところに町がつくられた。すぐ前がヴィスワ川で、山裾をゆるやかにうねっており、河港には打ってつけだ。当初の町がどんなつくりだったかは不明だが、二つの岩山が守りの防壁に想定されていたのではなかろうか。その一つに砦が築かれ、いまもおおかたが残っている。のちにそこが夜の川船のための燈台に転用された。

中世はじめにポーランドを治めたカジミエシュ王は、どういうわけかユダヤ人を庇護した。正確にいうと、庇護したのはユダヤ商人であって、人種的な差別はともかく、商人の財力をあてこんでのことにちがいない。ガッポリと税を徴収できる。ならばそれを才覚と勤勉で上まわればいいだけのこと。名のあるユダヤ商人はここに事務所を置き、クラクフからワルシャワ、さらにバルト海に及ぶ広大な商域ネットをつくり上げた。

たしかにこの河港の町はいい位置にある。クラクフとワルシャワのほぼ中間であり、チェコ国境の鉱山や、農産地ウクライナにも近い。王の名をいただいて町を「カジミエシュ・ドルニィ」と命名、これを本拠にしてクラクフからワルシャワ、さらにバルト海に及ぶ広大な商域をつくり上げた。ながらくゲットーに押しこめられていた人々にとって、この山間の町はまさに別天地というものだった。

かつては三つのシナゴーグがあったという。一つだけ残されているが、古木の繁り合ったなか、入口が厳重に鉄柵で閉ざされていた。町の規模に対して教会や公民館が大きく、豪壮なのは、富の力によってのことだろう。横手の小道をたどっていくと、岩山を巻いて昔の砦に入っていく。白っぽい小石を丹念に積み上げ、長方形の箱をつくったぐあいで、窓のところがポッカリとあいている。小石をコンクリートに代えれば、そのまま現代のモダンなビルになるだろう。広場のまん中に古井戸がのこされていた。まわりの建物は十三世紀に築かれたというが、壁に美しいレリーフがほどこされている。大王の事蹟やユダヤ人の聖人伝説を伝えるものらしいが、様式化されたイメージによる造形のセンスが現代にぴったり合っている。それとも砦という性格からして、余計なものをいっさい削ぎ落とすと、効率第一の現代ビルの原形ができたのか。目の下をヴィスワ川が流れている。遊覧船がレストランに改造されて岸辺につないである。細長い貨物船が、コンテナのようなものを積んで下っていく。水流がおだやかなので、川というより長大な袋状にのびた湖のようだ。

砦から急坂を下ると川沿いにとび出した。石を敷きつめているのは、以前、荷の積み下ろし場だったのだろう。一定の間隔をとって、石造りの倉庫が残されている。どれも特有のスタイルをもち、三層づくり、赤い屋根、二階に小バルコニーと飾り窓、階ごとに可愛らしい飾り塔がのっている。正面にうっすらと紋章が見えるのは、商店のしるし、あるいは商標だったのではあるまいか。商人たちは自分の持ち船に同じしるしをつけていた。晴れやかに紋章入りの旗をなびかせた船がヴィスワ川を往き来していた。

倉庫であるからには壁が厚く、窓は小さい。それにしても、なんと美しい倉庫であることだ。一階の白壁、二階から上の屋根や飾り塔すべてが、息を呑むほどあでやかである。何を手本にしたのかわからないが、どこか白ロシアなどの農家を思わせるのは、移ってきたユダヤ人たちの先祖に由来するのかもしれない。

倉庫にも邸宅にひとしい富をそそいで、川沿いに世にもみごとな建物を陳列させた。少なからず世を見返す意味合いがあったのではなかろうか。火のように降ってくる反ユダヤの悪意のなかで、才覚と努力により自分たちの商人町をつくり上げた。倉庫一つにも美と華麗をほどこさずにいられない。貧しいポーランド人集落のなかでは、それは羨望《せんぼう》よりも怨嗟《えんさ》をかき立てたろう。反ユダヤ感情に、火に油をそそいだにちがいない。

ヴィスワ河畔のユダヤ人の町から、ユダヤ人絶滅収容所のつくられたルブリンやアウシュヴィッツは近いのだ。ナチス・ドイツの幹部たちが、ポーランド人の一部に根強いユダヤ嫌いを巧みに利用したことはよく知られている。憎悪を買ったのも無理か

カジミエシュ・ドルニィの穀物倉庫

カジミエシュ・ドルニィのシナゴーグ（ユダヤ教会堂）

らぬところがある。わびしげな集落の点在する南ポーランドの一角に、とびきり美しい町づくりをした。

かつてのユダヤ人たちはどうなったのか。観光案内所で町の歴史を述べたものを求めたが、一つもなかった。ユダヤ人が去ったあと、あるいは立ちのきを命じられたのち、その土地と屋敷はそっくり少数派の手にわたったった。ポーランド人には、触れたくないテーマにあたる。

私が訪れたのは九月末で、川船のレストランから見上げると、岩山の緑に黄や赤がまじって印象派の絵のようだったが、誰もが食べるのとおしゃべりに夢中で、山肌には目もくれない。川風に吹かれながら苦味のつよいビールを飲み、紅葉をひとり占めしてながめていた。

東プロシアを「ヴァイクセルとメーメルのあいだ」といったのは、いたって正確な呼び方だ。メーメルは半島先端の港町だが、もともとはその港に注ぐメーメル川にちなんでいる。ともに国境の川である。この二つにかぎらず、東プロシア全域に無数の川があり、主だった都市は、どれも川沿いにある。

プレーゲル川のほとりの首都ケーニヒスベルク、工業都市エルビングはノガト川と中海のあいだにひらけた。ダンツィヒはヴァイクセルの大運河をもっている。アレ川沿いにつくられた町がアレンシュタイン、ナイデ川沿いがナイデンブルクといったぐあいだ。おしりの「シュタイン」や「ブルク」は「砦」や「城」の意味で、河港を定め、そこに砦として教会つきの城をつくり、まわりに町づくりをしたことが見てとれる。

おおかたが七百年前後の歴史をもっている。そのころ、ドイツ人の東方進出が盛んになっていたからだろう。「笛吹き男」伝説で有名なドイツ中央部の町ハーメルンでは、事件があったのは一二八四年六月のこととされている。「いろんな色の布を縫い合わせた服」を着た男が町にやってきて、ネズミを退治するという。「ピパー」と呼ばれるフルートに似た楽器だったそうだが、男がそれを吹いて町を歩くと、あちこちからネズミがあらわれ、あとについていく。男が川に入るとネズミもつぎつぎに川へとびこみ、溺死した。

ネズミを退治してもらったのに町当局は礼金を払わなかった。すると男は、またもや笛を吹いて通りを歩きだした。こんどは町中の子供があとについていき、「百三十人の子供がコッペンに消えた」と記録に残されている。

謎めいた伝説だけあって、よくわからない。町で何かが起きたことはたしかである。いろんな説があるが、その一つによると、当時、ドイツ騎士団のつくった東方の町からの呼びかけに応じ、一家をあげて移っていく人々が続出した。そのため町が一挙にさびしくなった。「コッペンに消える」は東方へ去った意味だという。そういえば笛吹き男の伝説はドイツのいくつもの町々にある。なぜかハーメルンだけが有名になった。

「ヴァイクセルのかなた」はまた「千の湖の国」とも呼ばれてきた。少し大きめの地図で見るとよくわかる。大小さまざまな、数えきれないほどの湖沼が点在している。地球の氷河期の置き土産だそうだが、形に特徴があって、ミミズのようにのたくったのや、クラゲの脚のようにのびたのや、ツララが溶けかけて滴《しずく》を垂らしたようなものや、実に多様な形態をしている。とりわけ内陸部のマズーリ地方に多い。ショパンはこの地方の伝統的な踊りのリズムをとり入れて「マズルカ」を作曲したが、その伝統は、どちらかというとドイツ人入植者たちがやしなってきたものだった。

ワルシャワから川沿いに寄り道をして、トルンで下りた。やはりドイツ騎士団がひらいた町で、川にそって古い城門や城壁が残っている。砦の跡が整地されて公園になっていた。パンフレットをもった小柄な男が、しきりにガイドを申し立てる。ポーランド語、英語、ドイツ語、イタリア語、どれも首を振ると、お手上げといったふうに肩をすくめた。

「ドイツ人の墓参りはやってきますか？」

ドイツ語でたずねると、うれしそうにすり寄ってきた。ポーランドの主だった町のなかで、トルンは幸いにも戦災を免れた。赤レンガの尖塔を突き立てた教会や市庁舎、トルン伯といわれた貴族の邸宅、大きなリキュール醸造所など、「ドイツ人の町」がほぼ原形のまま残っている。

墓参りではなく、ドイツ人観光客の人気コースだそうだ。そういって男が指さした。城壁の切れた先の駐車場に観光バスが三台、ひとかたまりになった人が、ゆっくりと近づいてくる。べつの一団は城門の下で説明を聞いている。

「ノスタルジア・ツアーだね」

少し皮肉っぽく男が言った。「思い出観光」とでもいうものか。バスの一団も上からながめたかぎり、白髪や銀髪やはげ頭ばかり。幼いときに過ごしたところ、当地の学校を出た、あるいは初恋の人がいた、やがてわけのわからないまま、両親ともども追い立てをくった。歳月とともに苦い記憶が甘美なノスタルジアに変わったのか。河港に大きな錨《いかり》が展示してあって、ここでも川船の一つがレストランになっていた。その男を珈琲に誘ったところ、とっておきの秘密といったふうに話してくれた。いましも裁判が進行中。旧トルン伯ゆかりの者が市当局を相手に起こした。市立博物館の収蔵品のかなりは、トルン伯のコレクションを召し上げたものだ。返還要求に対して、ポーランド政府は一切応じない。しかし、所有権の明示には応じる用意があると軟化した。当局はその線で和解をするつもりだという。永久貸与の条件つきで返還はしない。裁判はいつ終わるとも知れず、実質的には何も変わらない。

「これがポリティク（政治というもの）だ」

貧相なガイド男がポーランド政府高官のような口ぶりで言った。

さらに川を下ってディルシャウ。城の町マリーエンブルクの西かたにあたり、ヴァイクセル下流の河港として発展した。ポーランド名がトチェフ。この辺りまでくると川幅がおそろしく広いのだ。鉄橋のたもとに立つと、対岸の出口が針の穴のように小

ヴァイクセル（ヴィスワ）川下流

トルンの城門

さく見える。橋げたに中世の塔のようなものが突き出ている。何の用にあてられたのか知らないが、あまりに橋が長いので休憩用を考えたのかもしれない。

旧市庁舎が郷土館になっていた。陳列物は川の町におなじみのものだが、そこに船の精巧な模型がまじっていた。ひとかかえほどもある大きなもので、実にみごとなできばえである。川船にしては、やけに大きい。船体が横に長い大きな建物のような形で、船窓が三段。上にまた三層の船室。係員にたずねると、つくりものではなく、実物そのままのモデル・シップだという。「東プロシア汽船」という船会社が二万トンクラスの客船を三隻もっていた。模型はその一つで、〝ハンザ都市ダンツィヒ号〟といった。たしかに船腹に、独特の飾り文字で船名が記されている。

あとの二隻は〝プロイセン号〟と〝タンネンベルク号〟といったそうだ。タンネンベルクは東プロシア西部の丘で、第一次世界大戦の際、ドイツ軍がここで大勝利を収め、軍司令官ヒンデンブルクが一躍帝国のヒーローになった。

どうしてそのモデル・シップがここにあるのか？　係員は口ごもりながら説明した。当地出身のドイツ人から寄付を受けた……やむなく展示している……新しい市庁舎をつくるにあたっても援助を受けた……。

ドイツの経済力は川船の町の郷土館にも及んでいるらしい。

「ドイツ人はむやみに船が好きだからね」

そのとおりである。バルト海に面した水の国にドイツ人が住みついたのは、何よりも船のせいだったかもしれない。ダンツィヒもケーニヒスベルクも、商船を武器とするハンザ都市だった。第一次大戦後のヴェルサイユ条約で東プロシアが本国から切り離されたときも、さして陸の孤島ともならなかった。プレーゲル川もヴァイクセル川も、そのままドイツの大動脈であるエルベ川に通じている。東プロシア汽船はさぞかし「海の回廊」として活躍したことだろう。

先に触れたとおり、ナチズムが驚くほど急速に人々を捉えていったのには、船の威力に与《あずか》るところが大きかった。国営ＫｄＦ《カーデーエフ》船団はナチ政府による国民への船旅のプレゼントであって、ナチ党の地区指導者が選抜した。とりわけ低所得者層の夫婦が選ばれた。ノルウェイのフィヨルド見物、あるいは南のマデイラ島、ヴェネツィア経由のイタリア観光という豪華コースもあった。町の指物師や大工、飾り職人、整備工……生まれてこのかた船の旅など考えてもみなかった人々が、とびきりの服を新調して、夢の船旅に出かけていった。

とはいえナチス政府が船づくりに力を入れたのは、民衆用船旅のためばかりではなかっただろう。そもそも船はいろいろ利用できるのだ。スペイン市民戦争に際し、ナチスが派遣したコンドル飛行隊はゲルニカの町を潰滅させた。フランコ政権が勝利を宣言したのち、ひそかに千人にあまる飛行士を帰還させたのはＫｄＦ船である。

船はまた川づたいに大量の兵士を運ぶことができる。病院船にも兵営にも転用できる。敗戦まぎわに東プロシアから避難民を運んだのもこの船である。豪華客船ヴィルヘルム・グストロフ号が一九四五年一月、ダンツィヒ郊外の港を出港、ソ連軍潜水艇の水雷を受けて沈没、公式発表では六千名あまりの死者を出したことは、すでに述べたとおり。

ついでながらＫｄＦ船団の発案・実行者ローベルト・ライは一九四五年十月、戦犯としてニュルンベルク裁判に出廷直前に自殺した。

城のある町にて

ポーランドで故里の町に行きあった。なんともへんな感じである。ずっとごぶさたしていた人と、思いもかけぬ異国でバッタリ出くわしたぐあいだ。

歩いていて、すぐにわかった。故里の町というのは足が覚えているものだ。私の郷里は兵庫県姫路市といって、天下の名城で知られている。旧姫路藩十五万石。中国筋へのお目付け役の意味合いもあって、やたらに大きな城をつくった。白壁づくりの天守閣が城山にそびえ、その姿が白鷺《しらさぎ》に似ているところから、一名白鷺城、音読みしてハクロ城とも言う。中学のときの校歌にも出てきた。

「朝な夕なに白鷺の――」

ところかわってポーランドでは赤いのだ。赤茶けたレンガ色。事実、レンガで築いてある。その名をマリーエンブルク（「マリア城」）といい、ドイツ人住民の強固な砦だった。現在はポーランドきっての名城として聞こえている。町の中学校でも校歌に——校歌があるとしての話だが——朝な夕なに仰ぎ見るお城が歌われているのではなかろうか。

城には城下町がつきものだ。人間が考えること、またやらかすことは洋の東西を問わない。城を築き、町をつくるにあたっても、ほぼ同じように対処した。高台に石垣を築き、その上に城郭をつくる。そのまわりを内濠《うちぼり》と中濠と外濠がとり囲む。城内にあって必須のものは水である。しかるべき石組みの名匠がいて、地下の水脈を見つけた。井戸がとてつもなく深いので、たいてい「百間井戸」といった名がついている。井戸端を豪壮な石で固める。マリア城の中庭で、まさしくその手の百間井戸と出くわし、私はすっかりうれしくなった。見物にきた子供たちがこわごわ首をつき出し、へっぴり腰でのぞきこんでいるのも、わが幼いころとまったく同じ。

つぎつぎと観光客がやってくる。若い二人づれ、家族づれ、中年のおばさんグループ、旗をもったガイドつきのツアー組。天下の名城ともなると城内が広いので、うっかりすると仲間とはぐれる。おばあさんがいなくなり、孫の男の子が目の色かえて駆けずりまわっていた。ひとしきりそんな故里的光景を中庭のベンチからながめていた。

日射しがあたたかくて、ここちがいい。眠くなってくる。ウトウトして目が覚めてみると、ポーランドの名城が消え失せ、懐かしい郷里に帰っているのではあるまいか。それでは、はるばると来たかいがない。思いきって腰を上げた。城下町のつくりには慣れている。坂を下ったところの濠沿いに裁判所や郵便局。公共の建物が城と同じ赤レンガ造りなのは、ドイツ人が建て、ながらく使ったあげく町を出ていったあと、そのままポーランド市民が使っているからだ。

「ハハーン、学校だな」

城に近いのは名門校とされ、建物がいかめしい。ちょうど昼休みどきで、生徒たちが狭い校庭にひしめき合っている。みんなからだが大きくて、中学生とも高校生とも区別がつかない。背もたれのないベンチに、燃えるような金髪組が背を並べた格好ですわっていた。ヘソ出しルックもいて、白い肌が眩しい。立ちどまって見つめるのもどうかと思ったが、やはり立ちどまって見物していた。ポーランドの娘たちは一人のこらず天使のように美しいのだ。例外なくそうであるのが不思議である。それが十年もすると、およそ例外ずくめになるのが、なおのこと不思議である。

「ハハーン、水道局だ」

城下町育ちにはお見通しだ。ガラスごしにのぞくと、制服姿の職員が図面を囲んで相談していた。どの国でも水道局の制服はなぜかサエないもので、そしてきっと長靴をはいた人がまじっている。

わが故里では寺町だったが、ポーランドでは教会通りだ。裏手が墓地になっている。その点は、どの町でもおなじみだが、ここマリーエンブルクでは墓石が二種あって、ひと目でちがいがわかる。奥の一群は古び、黒ずみ、十字架が倒れかかったのもあって、彫り込まれた死者はあきらかにドイツ名だ。手前の一群は新しく、手入れがされていて、名前はポーランド名。

町で功績のあった人の記念碑がある点も変わりはないが、比較的新しいものは、顕彰の文句が風変わりだ。たとえばマリーエンブルク城修復の責任者だったコンラート・シュタインブレヒト氏。大理石に顔が刻んであって、ギョロリとした目に白い八字ひげ。鉄血宰相ビスマルクと瓜二つである。生没年が一八四九—一九二三とあるから、当人もビスマルクを尊敬し、風貌も似るように努めていたのではあるまいか。事蹟を称える言葉のしめくくりは、つぎのとおり。

「——かつてのマリーエンブルク市民、これを建てる」

建立の日付は一九九八年十一月。

教会わきには新しい一つがあった。二〇〇一年九月の日付で、墓地を整地して古い墓石を撤去し、合同墓に代えた旨の断りがついている。

「一九四五年まで当墓地で永遠のやすらぎを見出していた魂のために――」

〝永遠のやすらぎ〟と1945のアラビア数字とが奇妙なコントラストをなしている。その日、突如やすらぎを中断された魂は、一体どこで永遠の憩いを見つけたのだろう？

ワルシャワから特急で四時間半。赤レンガの駅舎正面に町の紋章が見えた。城壁の上に三つの塔がそびえているというデザイン。下に「マルボルク」と文字が添えてある。マリーエンブルクのポーランド名であって、もともと「マリーエンブルク」とあったのを書き替えた。スペルでいうと三字分が少なくなったせいか、文字の配置が何やら間が抜けている。

東プロシア建国の拠点の一つとなった町である。歴史となると、中世の十字軍までさかのぼる。町の成り立ちを知るためには、いやでもさかのぼらなくてはならない。

十二世紀末のこと、聖地イェルサレム奪回をめざして出立したドイツ騎士団が、パレスティナに一つの施設をつくった。ドイツ十字軍の負傷者や病人のための病院で、「聖職者にして兵士たる者」が看護にあたる。十字軍はもともと騎士修道会が組織したものであって、全員が「聖職者にして兵士たる者」である。これに傭兵が加わっていた。

信仰で結ばれた集団は強い。十字軍そのものが歴史から退却したのちも、パレスティナのドイツ騎士団は団結を誇っていた。そこには厳しい掟があった。日々の訓練を怠らない。週に一度、皆の衆の前で自分のまちがいを告白する。つねに戦闘態勢をとのえていなくてはならず、寝るときも靴と下着をぬがない。贅沢はダメ、質素倹約をモットーとする。掟を破ると鞭打ち、さらにそれ以上の罰があった。

わが国の武士階級と同じで、戦時はともかく、平和がつづくとナマクラになる。それに宗教上の目標が失せたのにパレスティナにとどまりつづける理由がない。騎士団のトップは、「統領」と呼ばれていた。統領と五人の大幹部の集団指導制をとっていた。

十三世紀のはじめ、ハンガリー王に国境警護を乞われ、はじめてドイツ騎士団は聖地を離れた。東方進出の皮きりである。一二二六年、ポーランド大公の求めに応じて北ポーランドへ移ってきた。大公としてはキリストをいただく忠実な武装グループを傭ったつもりだったが、騎士団統領にはべつの考えがあった。いまだ無人の地に城を築き、自分たちの町をつくる。ポーランド北部は古くからドイツ人集落の散在する土地であれば、いずれはこの地に念願の神の国をつくることができる――。知恵者がいたのだろう、いいところに目をつけた。ポーランドの大河ヴィスワ＝ヴァイクセルがゆるやかにうねり、支流のノガト川と三角地帯をつくっているところ。川は当時の一級国道というもので、物資は主に川づたいに運ばれた。そしてここはバルト海に近いのだ。交易の舞台である港町とを水運で結べばいい。

現在のポーランド地図には、二つの川の分岐点から運河のしるしがのびている。さらに三角地帯いちめんに網の目のように細い水路がひろがっている。水利技術を生かし、早くから広大な野をひらいていったことがうかがえる。

以後、数世紀、ドイツ騎士団マリーエンブルクは無敵を誇った。由緒ある武装集団であり、かつは宗教的戒律のもとに勤勉と工夫に励む者は強いのだ。十五世紀の城の紋章には、すでに三つの塔がそびえ立っている。まん中のひときわ大きい塔に十字架がついていて、ともかくも騎士修道会を中核とすることを伝えている。しかしながら信仰者集団の色合いは大幅に薄まり、実質的には、さして変哲のない城のある町に変化していたのではあるまいか。

支流が中洲をつくっているところを河港にした。現在も使われていて、桟橋に白い小さな船がつなぎとめてあった。そこからジグザグの急な石段を上がると内濠の横手の石畳に出た。前が小広場になっていて、正面に小づくりながら重厚な建物がある。ポーランド語の標識によると、旧市庁舎で、十六世紀から十九世紀の半ばまで使われ、現在は図書館になっている。

全体が「古レンガ」といわれるもので覆ってあって、風化したところが石のように白くなっていた。土台のところがやや反っていて、太い四つ脚を踏んばったように見える。下に小さな回廊。上は三層づくり。正面に四角い箱を並べたような飾りがあって、上に小さな塔が突き出ている。両側面は五本指をのばした形の装飾壁。

ベルリンの北にあたるドイツ東北部、現在はメクレンブルク゠フォアポンメルン州と呼ばれている町々でよく見かけるスタイルである。オーデル川をはさんだポーランド北部は、かつては西ポンメルンといってドイツ領だった。西ポンメルンの市庁舎などにもおなじみの建築様式である。「マリアの砦」のもとに移ってきて町づくりをした人々のルーツといったものをうかがわせる。

ドイツ東北部は土地が痩せていて風土が厳しい。氷河期の置き土産である湖沼がいまなお残っている。トロヤの発掘で知られるハインリヒ・シュリーマンはメクレンブルクの寒村に生まれた。自伝『古代への情熱』のはじめのところで幼いころの思い出を述べている。

父は貧しい村の巡回説教師をしていた。そして村ではことあるごとに「不思議な話」がささやかれていたという。村外れに小さな池があって「銀の小皿」と呼ばれていた。真夜中に若い女の亡霊が銀の小皿を抱いて現われるからだ。村にはまた周りに濠をめぐらした丘があり、何者の墓とも知れぬ大きな石が立てられていた。土地の言い伝えによると、遠い昔、ある「盗賊騎士」が愛人の子を金の揺り籠に入れて葬ったという。地主の庭には古い円形の塔があって、地主はそこに金貨をつめた箱を埋めている……。

シュリーマンは幼いころ、そんな噂話をいちずに信じていたらしい。貧しい村と、そこでの暮らしが目に見えるようだ。長い冬のあいだ人々は安酒をあおりながら、多少のやっかみをこめて、あることないことヒソヒソとしゃべっていた。気骨のある人は、さっさと村を出ていった。あとに残された者たちが、たがいがたがいを見張るように小さな共同体をつくっている。

巡回説教師は巨大な教会組織の末端、最下級の職であって、日曜ごとに村々をまわり、型どおりの説教のあと、信者たちがちょっぴりと、もの惜しげに差し出す喜捨《きしゃ》をいただいていく。父が貧乏を嘆くたびに少年シュリーマンは思ったという。どうして金の揺り籠や銀の小皿を掘り出さないのだろう。地主さんの庭の塔の下には金貨のつまった箱があるではないか。それを掘り出せば、すぐにも金持ちになれるというのに――。

のちの発掘者シュリーマンの、その古代への「情熱」が、何から生まれたか、うかがえるのではあるまいか。

旧市庁舎の青さびをふいた小塔を見上げながら、そんなことをボンヤリ考えていた。こちらには観光客はやってこない。市民のゾーンであって、犬をつれた人がゆっくりと通っていく。図書館通いの人、ただなんとなく歩いている人。

内濠と中濠のあいだの細長い高台にまず町づくりがされた。運河でもって水路を引

マリーエンブルクの古城

マリーエンブルクのビヤホール

いたのだろう。旧市庁舎の裏手が落ちこみ、深い川になっていて、古木が影を落としていた。物資は河港から運び上げた。川と城壁に守られた安全地帯であって、一朝ことあれば城内へ逃げこめる。

シュリーマンの自伝に出てくる「盗賊騎士」というのは、十四世紀ごろから登場してくる。中世的な騎士の時代が終わり、諸侯からお払い箱になった連中を、人々はそんな名で呼んだ。わが国の言葉でいえば、浪人にあたるだろう。誇り高いだけで、食いぶちのあてがない。森に住み、徒党を組んで農村荒らしをする。馬車を襲う。そんな盗賊騎士の恐怖がシュリーマンが育った村にも形を変えて伝わっていたわけだ。

ドイツ騎士団は東プロシアのあちこちに城を残しているが、マリーエンブルクはもっとも順調に推移したケースであったようだ。騎士の時代の終焉と新しい町づくりが併行して進行した。きっと時代の変化に敏感で聡明な統領がいたのだろう。もはや甲冑などの時代ではないのである。それを鍬《くわ》や鋤《すき》に代えた。鎧《よろい》や甲《かぶと》ではなく羽根ペンや帳簿を手にとった。打ってつけの河川によって貿易ができる。広大な三角地帯に水路がのびていて、耕すことができる。列車の窓からもチラリと見えたが、旧道沿いに古風な風車があった。運河づくりに招かれたオランダ人が風力の使い方もコーチしていったのだ。

城のある町は城の役割が終わってのちに、むしろ徐々に大きくなった。十九世紀の町の紋章には、まん中の塔の十字架が消え、代わりに東プロシア国の紋章が入っている。十字架は塔の上に小さく、風見鶏のようにとまっているだけ。一八五七年、ワルシャワとダンツィヒを結ぶ鉄道が開通した。町の人々は旧来の河港よりも鉄道の駅に将来を見込んだのだろう。城と町外れの駅舎をつなぐ道路のまわりに急速に「新町」ができていった。

そんな新・旧町の境あたりだが、優雅な飾りやバルコニーをもった家々がつづいている。十九世紀末に流行したアール・ヌーボーのつくりで、それが少し遅れて入ってきたのか、玄関の軒や正面の壁に1910や1912といった数字が見える。晴れて我が家を建てた人々が、夢の実現の年号をレリーフにした。

そんな地区の郵便局の入口。年金生活者らしい老夫婦が立ち去ったあと、重たげなドアが閉まった。戸のまわりには美しい青タイルでワク取りがしてある。思わず足をとめ、しばらくしげしげとながめていた。ドアの上に削り取った文字のあとがあった。STÄDT. SPARKASSE――「町立貯蓄銀行」という意味のドイツ語だ。艶やかなタイルにほどこされた歴史の刺青のように、二語がうっすらと消え残っていた。貧しい村を出て、城のある町に住みつき、せっせと働いてきた人々が、貯金通帳の数字をたのしみながら、いそいそと出入りしたのだろう。

第一次世界大戦の敗戦国ドイツは一九二二年から翌年にかけて、記録的なインフレに見舞われた。それがいかにすさまじいものであったか、ためしにパン一個の値段をあげておくと、よくわかる。単位は当時のドイツ・マルクである。

一九一四年　〇・一五
一九一八年　〇・二五
一九一九年　〇・二六
一九二二年　一〇・五七
一九二三年　二二〇〇〇〇〇〇〇
一九二四年　〇・一四

パン一個が二億二千万マルクにもなった。朝の値段が夕方には一けたはね上がっている。トランク一杯につめた札束で卵一個も買えない。貨幣経済が崩壊したにひとしい。悪夢としか思えないことが現実になった。新通貨レンテンマルクが発行されて、ようやくインフレが収まったが、この間に、よき市民層が没落した。勤勉に働き、町立貯蓄銀行の通帳の数字をたのしんでいた人たち。ドイツ的市民倫理、さらにドイツ文化そのものを支えてきたのは、ゲーテやシラーをはじめとして、彼ら堅実な中産階層だった。その人々が一夜にしてすべての貯えを失った。絶望の淵に追いやられた。ナチスが急速に力をのばしていくのは、これ以後である。

一九四一年、ヒトラーはマリーエンブルクにやってきた。ダンツィヒで演説をしたあとのこと。その足で天下の名城を見ておきたかったらしい。町の人々がどのようにチョビひげの独裁者を迎えたかは伝わっていない。ヒトラーはオープンカーを城門に乗りつけ、巨大な城郭を見てまわった。外濠と中濠のあいだに谷のような空濠があり、城はその上にそそり立つ形になっている。また城門を入ったところも深い濠になっていて、ハネ上げ式の橋で渡る。いざというとき橋を落とせば要塞となり、籠城ができる。いかにもよくできているが、ヒトラーはとりたてて感心もせず、感銘も受けなかったようだ。いずれにせよ対ソ連軍のための東部司令部は、由緒ある守りの砦マリーエンブルクではなく、はるか東の湖沼地帯につくらせた。

赤軍と呼ばれたソ連軍が軍港ダンツィヒに迫ったのは、一九四五年三月である。マリア城は空襲でかなり損傷を受けたが、町のおおかたは無事だった。ソ連軍司令官はたぶん、城のある町の有用性を考えていたのだろう。バカでかい古城は、その日からでも兵士の宿舎に使える。わが故里もそうだったが、城のある町はきまって軍の駐屯地にあてられてきた。

当時、マリーエンブルクとその周辺のドイツ市民は三万余を数えた。戦争の終了とともに町から退去を命じられた。荷物は両手に持てるだけに限り、建物、家具いっさい手をつけてはならぬ。墓地で永遠のやすらぎにいた魂も同行を命じられた。

古くからの河川貿易のかかわりから、マリーエンブルクには数百人のユダヤ人がいて、シナゴーグが二つあった。それは一九三八年十一月の「水晶の夜」に放火されて焼けこげになった。現在はあとかたもなく、調べるよすがもない。アール・ヌーボーの住宅は多くが薄汚れ、バルコニーにズラリと洗濯物がぶら下げてある。

一つだけ、美しく使われていた。ドイツのブルジョワたちが好んだ壁面の花飾りと壁画がそっくり残っている。町の託児所になっていて、ガラス窓に色紙を切り抜いたテレビ番組の主人公が貼ってあった。社会主義時代の名ごりか6―18と、託児時間がたっぷりとってある。よく見ると18の肩に小さく15と書き添えてあった。ポーランドの母親たちが町当局と交渉して、15分の延長をかちとったらしいのだ。

マレンカの町

東プロシアは、時代によって少しずつ変化はあったが、ほぼ次の四つの地方から成り立っていた。

メーメル地方（現リトアニア）

サム地方（現ロシア）

エルム地方（現ポーランド）

マズーリ地方（現ポーランド）

隣り合って西プロシアの州都ダンツィヒが位置していた。それぞれの地方に中核都市にあたるものがあり、これを中小の町や村がとり巻いている。

人口構成は地方ごとに異なった。北のメーメル地方はリトアニア人、ロシア人が多かった。ついでポーランド人、ベラルーシ人。ドイツ人は少数派だった。

サム地方にはロシア人が多く、ついでドイツ人、ポーランド人。ただし、中核都市ケーニヒスベルク（現カリーニングラード）には圧倒的にドイツ人が多かった。エルム地方、マズーリ地方はドイツ人が多数派で、ほかにポーランド人、少数のロシア人。総人口でいうと、ドイツ人が約二百万、ポーランド人が百五十万、ロシア人、リトアニア人が五十万から三十万。バルト海寄りの広大な潟に点在する町や村にはカシューブ人が多かった。

首都ケーニヒスベルクにみるように、都市部はどこもドイツ人が多かった。そして行政、司法を握っていた。本国ドイツから定期的に役人や裁判官、あるいは軍人が転勤してくる。ベルリンの本省で東プロシア勤務を申しわたされた官僚は、さぞかし舌打ちしただろう。何を好んで、はるばると「ド田舎」へ行かなくてはならないのか。自分の出世はどうなる。子供の教育はどうすればいい？

異なる民族、異なる人種が複雑に共存しながら、東プロシアは民族紛争を起こさなかった。暴力沙汰に及んだことは、ついぞなかった。第一次世界大戦後に帰属問題が起きたときも、人々は投票でもって解決した。その際、どの地方も、リトアニアでもロシアでもポーランドでもなく、九〇パーセントに達する多数決で「東プロシア」を選択した。

言語や伝統や生活習慣がちがっているにもかかわらず、ゆるやかな「民族共存体」といったものが実現していた。それを支えたのはいろいろあっただろうが、とりわけ宗教の力が大きかった。中世から近世にかけて、どの地方もおおむね聖職者が行政官を兼ねていた。さらに司法も兼務していた。

ニコライ・コペルニクスもその一人だった。天文学で歴史に名を残しているが、もともとコペルニクスはカトリックの司祭かつ東プロシアの行政マンだった。しかも、きわめて有能な一人だった。

一四七三年、ドイツ騎士団の町トルンに生まれた。父はドイツ人、母はポーランド人。古都クラカウ（現クラクフ）、つづいてイタリアで学び、司祭資格と法学のドクターを取ったあと、東プロシアの司教区フラウエンブルクに赴任した。そこの司教だった伯父の引きによる。

はじめは伯父の秘書兼書記官だった。行政にたずさわるのは三十代になってからである。そのため、コペルニクスの生涯では数年ごとに住居が移っている。もっとも長くいたのはマズーリ地方の都市アレンシュタイン（現オルシュティン）だった。晩年はフラウエンブルクにもどり、その地で没。

アレンシュタインの財務官のころには、貨幣の鋳造を改革した。教育制度の整備もした。東プロシア選出の代議士として、しばしばベルリンへ出向いた。説教で鍛えていたせいか、当代きっての雄弁家の名が高かった。

この司祭兼行政マンは天体観察を趣味にしていた。「コペルニクス的転回」と呼ばれる新しい宇宙像を打ち立てることができたのは、ローマ法王庁の目の及びにくい北方の辺境が幸いしたのではなかろうか。カトリック世界の度肝《どぎも》を抜くような新説を書き上げたが、手元に秘めていて公表はしなかった。世に出したのは、ようやく死の年になってからである。臆病というのでも小心だからでもなかった。行政や司法にたずさわり、広く世間を見ていた。自分の考える宇宙像が、いかに世にいれられないものであるか。世俗以上に世俗的な聖職者の世界と、正面きって衝突するものであることをよく知っていた。わが身の死を見きわめてから印刷に出し、本にしたあと、さっさと死の世界へ引き移るなんて、なんともあざやかな身の処し方ではあるまいか。

アレンシュタインの町には、コペルニクスにちなむ天文台がある。赤茶けたレンガ造りで、丸い、大きな塔の形をしている。プラネタリウムの公開時間が終わったところだったようで、先生に引率された小学生がぞろぞろと出てきた。まわりは公園で、何の木ともしれないのがうっそうと繁っている。ポーランドの先生は生徒を並ばせたりしない。放ったらかしたまま、ベンチにすわり、お尻のポケットから新聞を取り出して読み出した。生徒たちは、てんで勝手に公園を走りまわっている。

屋上が展望台になっていて、見晴らしがいい。駅から斜めにライラックの並木が走り、つづいて教会や市庁舎や城壁のトンガリ屋根。中世風のたたずまいをもった家並みの外に近代的なオフィスビルが並び、さらにその外に共産党政権時代につくられた同じ規格のアパート群が、どこまでもつづいている。北の方角は丘陵で、あいだに銀紙をひろげたように光っているのは湖だ。近辺だけで十いくつかある。市の人口十八万人。アレンシュタインは十四世紀の昔からマズーリ地方の中心として発展した。一九四〇年、ヒトラーはソ連開戦にそなえ、この地の森に秘密の総司令部「狼の巣」をつくらせた。ドイツへの帰属意識の強い地方であること、豊かな水、それに中核都市アレンシュタインの工業力を見こしてのことにちがいない。

まずは中世の「高い門」。つまり、そのとおりの名前で、六層造りの市の門が残っている。アレンシュタインは「アレ川の拠点」といった意味で、十四世紀のはじめ、ドイツ人移住者たちが川を取りこんで町づくりをした。城壁をめぐらし、三つの城門を設けた。いまもその一つが残っている。上階の小部屋は牢獄として使われたというから、行政官コペルニクスは役目柄、しばしば城門の階段を上り下りしたのではあるまいか。

もっとも、私はあまり天文学者に関心がない。町歩きのついでに、エールンスト・ヴィーヒェルトの足跡をたしかめておく腹づもりだった。この町に生まれ、ケーニヒスベルク大学で学び、その後は高校の教師をしていた。かたわら一九一〇年代から、とてもすてきな小説を発表した。その多くが小さな町や村を舞台にしている。

「冬がきた。初雪が降った」

短篇の一つの書き出し。雪は、ぬかるみの道を白く覆って、葉を落とした果樹を柔らかく包んでいる。長い冬を迎えた東プロシアの町や村が、小説のモデルになったにちがいない。

「町の起源は、一頭の豚が逃げ出したのにはじまる」

一九三〇年に発表された一つでは、伝承をまじえ、ある町の生活を語っている。五つの通りがまじり合う広場には教会や薬局、さらに居酒屋、雑貨屋、靴屋、パン屋などが軒を並べていたという。居酒屋は昼間から賑わっている。酒だけでなくニュースも仕入れるところだからだ。新しい市長のこと、赴任してきた役人、あるいは今年のとうもろこしの実りぐあい。

年々歳々、同じ循環をくり返すなかに、ちょっとした変化がしのびよってくる。労働者のゼネストは失敗した。「国民社会主義」を唱える狂信家の演説のこと。社会主義者とウルトラ右翼が血で血を洗う抗争をつづけている。小さな町にも行政ほか、すべてにわたり、音もなく、ひそかな変動のきざしがあった。

小説では名前を出していないが、ヴィーヒェルトは自分の生まれ故郷を書いたのかもしれない。アレンシュタインの中心部には五つの通りの合わさる広場がある。中央に旧市庁舎。優雅な六角の塔と、玉ねぎ型の屋根をもっている。現在は居酒屋ではなくてレストラン風が三軒、雑貨屋ではなくブティックの店、美容院、キャットフーズの店、ブライダル・ショップ……。

旧市庁舎を博物館にするために足場が組まれ、外壁が削り落としてある。赤いレンガが白っぽく地肌をみせ、モザイク造りの日時計だけを残している。裏手にのびる細

アレンシュタインの町の広場

い小路に「エールンスト・ヴィーヒェルト通り」の標識がついていた。

権力や政治から遠い高校教師兼作家だったはずなのに、一九三三年五月、ベルリンのオペラ広場でナチスによる「焚書」があったとき、「好ましからざる作家」として、ヴィーヒェルトもまた、トーマス・マンやブレヒトやフロイト、ケストナーなどとともにブラックリストに入れられた。一九三八年には警察の訊問を受け、ブーヘンヴァルト強制収容所に入れられた。友人たちの奔走で釈放後にスイスへ亡命、一九五〇年、チューリヒで死んだ。

やはり短篇の一つだが、マレンカという少女のことを書いている。マレンカはポーランド名で、ドイツ語だとマルゴ。まさにそのように両親が二つの言語と人種にまたがっている。両親の離婚後はポーランド人の祖母に育てられたので、幼いころはマレンカと呼ばれていた。刺すような時代の嵐のなかで育っていく。

東プロシアのどの町だかは書いてない。多くのドイツ人が住んでいることがわかるだけ。そこではマルゴと呼ばれていた。たえず権力に踏みつけられてきた。そのなかで深い英知をもって生きようとする祖母と若い娘。アレンシュタインでなくてもいいが、やはり郷里が似つかわしい。マレンカ、またマルゴがたえず帰っていったところ。

作者は、そっと両手でつつむようにして書いている。そして人生のコマ絵をひろげるようにして語っていく。運命の年に娘は逃れたが、祖母は残った。生と死にあやどられた、思いもかけない歴史の転換だ。一九四四年十二月、アレンシュタインにソ連軍が迫っていた。凍りついた道に、避難民の長い列ができた。泣くようにマルゴが頼んでも祖母は動かない。住みなれた家と、世話をしている豚や山羊たちを、どうして残していかれようか。彼らに明日、いつものように餌をやらなくてはならない。

一九四六年、オルシュティンと改名された町をマレンカが訪れたとき、通りには石畳だけがあった。追われた人々のリストにも、どこにも祖母の名は見つからなかった。アレ川を抱きとるかたちで巨大な城と教会がつながっている。コペルニクスが司祭兼行政官をしていたころと、そっくり同じスタイルをとどめている。城の中庭のベンチには、陳情者や相談に訪れた者が待機していたのではあるまいか。さらにこれと隣り合った教会は、塔がそそり立つように、天に突き上げている。赤レンガと白い壁が美しいまだら模様をつくっている。小学生のクレヨン画のように、不規則に小窓があいていて、明かりが射し落ちてくる。ステンドグラスのせいで真珠のようなやわらかい光。それが頭上に降ってくる。描かれたガラス絵が影絵芝居を演じている。

東プロシアの中産階級は、子供が勉強好きだとケーニヒスベルク大学へやった。哲学者カントが教壇に立って以来、ケーニヒスベルク大学は株が上がっていた。それに東プロシアのほうが安くあがる。

資産家の市民は息子をベルリン大学へ送った。学ばせるものは、法律にきまっており、必ずやドクターの称号を取る。卒業後は官庁に入る。あるいは裁判官になる。ロマン派の作家ホフマンはケーニヒスベルク大学を出て裁判官になり、赴任先の上司に楯ついて東プロシアの小都市へ左遷された。ヴィーヒェルトのように高校の教師になるのは少数で、たいていは官途につき、行政官になった。東プロシアの都市を巡っていくうちに少しずつ出世する。

コペルニクス像のある小公園からすぐのところだが、通称がお屋敷通り。そこに点々とアール・ヌーボー様式とよばれ、十九世紀末に流行したスタイルの家が並んでいた。高級役人や軍部の高官たち、あるいは町の豊かな商人たちが建てさせたものではなかろうか。

そのなかに「ヘルメナウ家の別荘」と呼ばれるのがあった。赤い屋根、暖炉の煙突、二階までは黄色い壁と赤い枠取りの窓、上は美しい木組みと白い壁。ヘルメナウ家は

アレンシュタインの民家の彫像

「アレンシュタイン新聞」の経営者だった。ドイツ語で出ていた。ポーランド語による同名の新聞もあって、同じ新聞社から出ていた。

若いころヴィーヒェルトは、アレンシュタイン新聞が文学賞を設けたのに応募して受賞した。作家になるきっかけだった。「アンナ」という名の女のことを書いている。抜けるような白い肌と長い髪。顔が合うと、ニッコリして挨拶をする。ゆたかな髪を撫で上げる。形のいい胸をもった女。ユダヤ人の女アンナ。笑い顔がすてきだ。ただそれだけを語った短篇。アンナの綴りはＡＮＮＡであって、前から読んでも、うしろから読んでも同じ名前だ。東プロシアのユダヤ人はごく少数派だった。そのなかでアレンシュタインには千人ちかくがいた。

受賞の縁によるのか、ヴィーヒェルトはその後もアレンシュタイン新聞に寄稿している。一九三〇年代、たえず死の静けさがあった。ユダヤ人には静けさではなく死の威嚇だった。おりおり伝わってくる強制収容所の無気味な噂。

ナチス体制以外にも数々の「敵」に直面していた。数世紀来の「民族共存体」が崩れかけていた。鉤十字の腕章をつけたナチ党地区指導者が肩で風きって歩いている。ラジオでは東プロシア大管区指導者が演説していた。敵はしばしば小市民のなかにひそんでいる。それは町をのし歩く腕章組よりも恐ろしい。いつ、どんな罪を言い立てて訴え出るかもしれないのだ。死が偶然であるとしても、生もまた偶然であって、むき出しのエゴや打算や不安や恐怖がまかり通る。

一九三六年六月、アレンシュタイン新聞は発行停止を命じられた。社主夫妻は警察に出頭、二度と帰ってこなかった。「ヘルメナウ家の別荘」は現在もそのまま残っている。権利関係がややこしいのか、手入れはされているようだが、門柱の標識がむしり取られたままで、人のけはいはなかった。

空がガラスのように澄んでいた。おもちゃのような飛行機が白い筋を引いて飛んでいた。アレンシュタイン飛行場は小型機専用で、カブト虫のように舞い上がり、舞い下りてくる。広場の本の露店で品のいい老夫婦が店番をしていた。きれいなドイツ語を話した。ドイツ語の本が並んでいる。『ヤンさんの観光案内《狼の巣》詳細地図付き』とある。かつての秘密の司令部は、いまや観光名所になっているらしい。『コペルニクスと歩こう』という森歩きの本もあった。天体好きのコペルニクス司祭は暇があると湖畔巡りをしていた。虫が這ったように細長い湖を結んで、「コペルニクスの道」というハイキングコースがつくられている。

広場に若者がたむろしていた。金髪の娘は星のように美しい。アレンシュタインに創設されたコペルニクス大学は工学部と教育学部をもつ。せっかくの名前だが天文学専攻はないそうだ。

可愛らしい色に塗りわけられた商店の壁、十八世紀の銅版画にあるように、正面が丸まったり、菱形をしていたり、角張ったりしている。いかにも歴史が折りたたまれている感じだ。

きちんとした背広にアタッシェケースをさげた男が急ぎ足でやってきた。落ちこむようにしてベンチにすわると、すぐさまケータイで長いこと話していた。話し終わるとタバコをくわえ、気ぜわしくふかしている。うす茶の背広はかなり着古したぐあいだ。アタッシェケースにホテルのシールが貼ってある。長い脚を投げ出し、ついで腕組みをして、またもやケータイをいじっていた。見るともなしに見ていたら、やおら英語で話しかけてきた。

「ジャパニーズ？」

「イエス」

「ビジネス？」

「ノーノー、ツーリスト」

そんなやりとりのあと、男は自分の話をした。三日とおかずに非番で、これでは妻と子供二人を養えない。約束がちがう。

「ホワット・プロミス？」

問い返したが、そのことには答えなかった。つづいて急に自分は「東」から来たと言った。ポーランドの東部のことなのか、それとも旧東ドイツなのかわからない。あるいは、かつて使われた「東欧ブロック」のことなのか。

あえて訊き返さなかった。そもそも何のかかわりもない。技術者らしいが、旧東ドイツとポーランドとで、何かの取りきめがあったのだろうか。それとも共産圏の解体のあとの政治的亡命者にあたるのか。油気のぬけた髪をかきあげ、苛立たしげに爪を噛んでいる。見知らぬ東洋人に腹立ちを吐き出したかっただけのようだ。

「アンダースタンド（わかるだろう）？」

そういわれても、さっぱりわからない。あらためて相手の顔を見返したが、ガラス玉のような青い目が、ただじっとこちらを見ている。私はひと声かけて、ベンチから腰を上げた。男はまたもやケータイを取り上げ、こちらに向かって片手をあげた。

手刷りのポスターのレストラン案内が目にとまった。ホテルのすぐ近くで、ヴァイオリンの演奏がある。ポーランド料理、ドイツ料理、イタリア料理と盛り沢山だ。

夜を待って店に出かけた。アレ川沿いの遊歩道に面している。ドアを開けるとヴァイオリンとピアノの音がした。ヴァイオリンは老楽師といった老人で、ピアノは若い女が弾いている。モーツァルトの「アイネ・クライネ・ナハトムジーク」といった、ごくおなじみの曲。くたびれたタキシードの老人は背を丸め、まさしくかき鳴らすといったふぜいだ。一曲すませるごとにピアノのはしにのせたワイングラスで、舐めるようにワインを飲んでいた。誰も拍手をしない。聞いているふうでもない。老人はワインを飲みながら、目で辺りをうかがっている。顔見知りが入ってくると、ワインを持ち上げて、声をかけた。

食事をすませ、形だけ拍手をして立ち上がった。老人はしわくちゃの顔をひんまげて笑顔を見せた。チップを差し出すと、指でつまみとって、ピアノの女に渡した。「マレンカ」と言ったように思えたが、そんな気がしただけかもしれない。老人が手を差し出してきたので握手をした。鼻をつくような安タバコの臭いがした。

狼の巣

一九四〇年十二月十八日、ヒトラーは「戦争指令第二一号」を発令した。ひそかに「バルバロッサ作戦」と呼ばれたもので、対ソ連侵攻のための極秘指令だった。

「ドイツ国防軍は対イギリス戦争終結以前にソヴィエト・ロシアを電撃作戦によって撃滅することを目標とし……」

そのための準備を整え、四一年五月十五日までに完了のこと。日付をかぎったのは、そのころの宣戦を予定していたのだろう。実際は準備が遅れ、ひと月あまりずれて六月二十二日に奇襲攻撃を開始した。時刻は夜明け前の午前三時十分。ドイツ軍一五二個師団にイタリア、ルーマニアなどの三〇個師団が加わり、「国土防衛のための枢軸同盟軍」と称した。攻撃開始十五分後に駐独ソ連大使を招致して宣戦を布告。合わせて同盟国イタリア、日本、ハンガリー、ルーマニアなどに通告。早朝のラジオでソ連と戦争状態に入ったことを国民に伝えた。

ナチス・ドイツがソ連と不可侵条約を結んで世界を驚かせたのは、一九三九年八月である。九月一日、バルト海域のドイツ軍艦隊がダンツィヒ近郊のポーランド軍基地を砲撃して、第二次世界大戦がはじまった。以後、電撃作戦でベルギー、オランダ、フランスを席捲。翌四〇年六月、ドイツ軍、パリ入城。九月、日独伊三国同盟条約調印。「バルバロッサ作戦」を発令したころ、ヒトラーはまさに権力の絶頂にあった。

極秘指令に先立ち「総統大本営」と呼ばれたものの建設が進められていた。戦線に近いところで、ヒトラーが直々に指揮をとる作戦本部である。ドイツ語の頭文字をとって〝ＦＨＱ《エフハークー》〟と呼ばれた。対ソ連の東部戦線作戦本部となったのが、東プロシアにつくられた「狼の巣（ヴォルフスシャンツェ）」である。現在のポーランド地図でいうと、ワルシャワからまっすぐ北に線をのばしてロシア国境と接する少し手前、ケントシンという町があるが、町から十数キロ北西の湖沼地帯にあたる。

「狼の巣」といった奇妙な呼び名は、ヒトラー自身がつけた。一九二〇年代のミュンヘンで、極右の政治結社をつくり、組織づくりにとびまわっていたころ、みずから「狼殿下」などと称していた。私信にこれを用いたこともある。いくら演説をしても

ヒトラー用防空壕の想像図（Jan Zduniak “Wolfsschanze”）

狂信的なアジテーターぐらいにしか思われず、そんなところから荒野の一匹狼を気どっていたのかもしれない。いまや日の出の勢いの第三帝国総統として、どこまでも森と湖沼のつづく東プロシアの地図をながめていて、失意の一匹狼時代を思い出したのだろうか。

作戦本部の建設にとりかかったのは極秘指令のかなり前のことだが、さらに前に土地選定の準備があった。将校と建築家でつくられた秘密のチームが東プロシアの北辺を調査にまわった。いくつか条件があったはずである。現地の作戦本部であればソ連国境から遠くないこと、攻められにくい地形であること、ドイツ軍の移動に便利であること……。

いかにもふさわしい場所を選んだ。ポーランド名ケントシンは、もともと「ラステンブルク」と呼ばれるドイツ人の町だった。東プロシアのほぼ中央部にあり、鉄道で首都ケーニヒスベルク、軍港ピラウやメーメル、そして南の工業都市アレンシュタインと結ばれていた。また地形的には、北東部に広大なマズーリ湖沼地帯がひろがっている。湿地帯であって、軍の移動を阻み、天然の防衛線であるとともに、作戦本部のありかをカモフラージュすることができる。

一九四〇年十月、ラステンブルクの森と湖が立ち入り禁止になった。暗号名を〝アスカニア〟といって、国営化学工場建造という触れこみだった。実際の設計と施工は「トート組」があたった。フリッツ・トートがつくりあげた組織であって、ナチスの遺産といわれるアウトバーンをはじめ、道路網と都市づくりに、これまでにない新機軸を打ち出していた。

ついでにちょっと触れておくと、フリッツ・トートは一八九一年の生まれ。工学を学び、早くから道路の重要性を主張していた。鉄道万能の時代に異説を唱えたわけだ。その論がヒトラーの目にとまり、四十二歳のとき、第三帝国アウトバーン総監督に登用された。トートは共鳴者をつのって「トート組」と呼ばれるチームをつくり、高速道路網の建設を精力的におし進めた。一九四一年、水とエネルギー局総監督に就任。翌四二年、ラステンブルクへ向かう途中に飛行機事故で死去。

それにしてもトートとは変わった姓である。少なくとも私は、この先駆的な都市プランナーのほかには知らない。名前の綴りは Todt で、ドイツ語で「死」を意味する Tod とよく似ている。「殺す」は töten と書くので、Todt の綴りは「死」と「殺す」の合成を思わせる。いったい、何に由来してこんな姓が生まれたのだろう？

「狼の巣」はフリッツ・トートの設計になり、三期にわたって建設された。全面積二・五平方キロ、新しく引込線つきの駅舎をつくり、これを取り巻く形で三重構造の「町」に仕上げていく。駅舎とはべつに、トートは三方につながる道路を、また南五キロのところに飛行場をつくった。そのあと、みずから設計した飛行場へ向かっていたとき、悲劇的な死をみたことになる。

突貫工事ではあったが極秘の作業なので強制労働者は使わず、特殊工作隊が動員された。それも作業班は長くても六カ月、その後は遠方の地へ移された。三期にわたる建設に、技術者・作業員は総計で二万人をこえたと言われる。作業班はラステンブルクの砂糖工場を宿舎として、そこから化学工場〝アスカニア〟に通った。「バルバロッサ作戦」の名のもとに、作業工程そのものが暗号とカモフラージュずくめだった。

ひとけのない森と湖一帯に巨大な施設ができていった。〝狼の巣〟そのものは一九四五年一月、ソ連軍の大攻勢を前にして、作戦本部の撤去とともに、急遽、爆破された。そのためこまかいことはわからない。わずかながら軍の写真がのこっていた。それで判断するしかないのだが、大小約八十の建物が一定の隔たりをとって配置されていた。いずれもドイツ語で「ブンカー」と呼ばれる防空壕の形式で、入念に森や繁みに隠されていた。

A・B・Cの三重のつくりは重要度に応じていたようで、A地区はヒトラーをはじめとするナチス幹部たちの防空壕、B地区は将校用、C地区は本部職員や作業員用。まわりに二重の鉄条網がめぐらされ、その外を地雷帯が取り巻いていた。百メートルから百五十メートル幅の地帯に設置された地雷は総計五万四千発にのぼった。

三期のあいだ多少の変化はあったが、〝狼の巣〟に常駐した将校、兵士、職員は約二千人。それ自体が小さな町であった。医者もいれば理髪師もいる。仕立て屋、水道修理工、庭師、……。カフェが二軒、さらに映画館やサウナやカジノがあった。いずれもが半地下の防空壕に入っている点だけが、ほかの町とはちがっていた。

残された写真によると、建物はどれも、コンクリートのかたまりで、上にいくほど少しずつ細まっている。そのせいか角ばった奇妙な獣が、四脚を揃えてすわっているように見える。重要度によってコンクリートの厚さがちがったようで、ヒトラーや、その片腕ヘルマン・ゲーリング用などは、厚みが五メートルから七メートルもあり、基底にあたるところが防空壕を兼ねた執務室、天井の高さは約二・一メートル。

太古からの湖沼地帯に隣接しており、土地そのものが湿地である。かてて加えておそろしく重厚なコンクリート造りときている。防空にはすぐれていても、湿気に悩まされた。ヒトラーもやがてねをあげて、作戦会議は地上の木造の建物でするようになった。のちのヒトラー暗殺未遂事件はそこで起きた。もし本来の執務室で爆発していれば、必ずや未遂とはならなかったはずである。

ヒトラーが「狼の巣」に滞在したのは五年間で計八百五十日。最初の滞在は対ソ連開戦の二日後の一九四一年六月二十四日。最後の訪問は一九四四年十一月二十日。その年の一月からはじまったソ連軍の大攻勢に、ドイツ軍が敗退をかさねていたころである。作戦のためというよりも、現場将校に当たりちらすだけの会議だったようで、以後は二度と訪れなかった。

当地での日常も伝わっている。朝は比較的遅く起きて、ひとりで朝食をとる。その後、執務室で書類を点検、副官の報告を聞き、指示を口述。そのあと会議がないときは散歩に出た。ブロンディという愛犬をお伴にして森や草地を一時間ばかりぶらつく。草地に障害物がもうけてあって、主人の命令のもと、ブロンディはさっそうと跳びこさなくてはならない。

昼食は十四時。カジノの食堂でとる。いつもまわりにお気に入りの将校をすわらせ、それぞれ席順が決まっていた。食事中、ヒトラーはながながとひとりごとを言う。将校たちはその聞き役だった。戦況が悪化していくにつれ、聞き役が少なくなっていった。一九四三年以後は、夕食も一人きりが多かったといわれている。かたわらにいつも愛犬をはべらせていた。ブロンディはガラスのような目を光らせて、腹立ちまじりの主人の愚痴を、おとなしく聞いていた。

「狼の巣」は褐色の制服の男たちの町だったが、少数ながら女性がいた。秘書、タイピスト、電話交換手、料理女たちで、計二十人あまり。ヒトラーの愛人エヴァ・ブラウンは一度もここにはこなかった。そのかわり電話がよくかかってきた。電話交換手は「ハロー」のひとことで直ちに総統室に切り換えた。

現ケントシン、旧名ラステンブルクはワルシャワの真北にあたるが、鉄道は湖沼地帯を大きく迂回して走っており、二度乗り換えなくてはならない。列車を乗り継いで約五時間。ケントシンの町の広場では市《いち》が立ち、露店がズラリと並んでいた。ちょっぴりだが本や地図や絵葉書を並べた店をのぞいていると、ドイツ語で「狼の巣」をあらわすタイトルが目にとまった。ポーランド語、ドイツ語、英語の三カ国語で書かれている。著者の綴りはヤン・ジュニアークと読むらしい。

店番の肥ったおばさんに本を差し出すと、ポーランド語で何か言った。「ヤン」がしきりに出てくる。つづいて「ついてこい」という手まねをしてノッシノッシと歩き出した。広場にテーブルを突き出してカフェが営業していた。その一つで髪の白い小柄な人がワインを飲んでいた。おばさんが何か言った。小柄な人がうなずいて私を見た。ついで英語で話しかけてきた。こちらがドイツ語で答えるとドイツ語にきりかわった。おばさんが満足げに悠然と去っていく。こんなふうにして私はケントシンの地方史家ヤン・ジュニアークと知り合った。そしてその人の案内で元ナチスの秘密基地「狼の巣」を見てまわった。

といっても秘密基地めいたものは何もない。巨大なコンクリートのブロックが、おそろしく無秩序にかさなり合っているばかり。現在は遺跡公園になっていて、コンクリートのブロックを、子供たちが登ったり、すべり下りたりする。一巡する通路に設置された説明板で、かつてそこに総統らの執務棟があったとわかるのだ。

一九四五年一月、ソ連軍の大攻勢を前にして、ドイツ軍は作戦本部の撤去にあたり、防空壕を爆破、設計図その他重要書類は焼き払った。だからくわしいことはわからない。

なんとも奇妙な眺めだった。うっそうとした森のあちこちに採石場のようなものがちらばっている。戦後、ポーランド政府は大本営跡を整地はしたがコンクリートは撤去せず、爆破されたままの状態で保存し、記念公園とした。ヤンさんにいわせると「人間の愚かさを後世に伝えるための記念」である。

記念公園の片隅に、小さな一つの碑があった。ヒトラー暗殺計画に立ち上がり、果敢に行動し、無念の死をみた人々を讃えるもので、暗殺未遂四十八年目の一九九二年につくられた。記念碑は開かれた本のかたちをしていて、烈風を受けたようにちぎれかけ、ねじれている。ヤン・ジュニアーク氏らが発起人となり、ケントシン市当局のあと押しで実現した。たとえ元敵国の人々であれ、誠実な勇気をたたえるのに国籍は関係ないからだ。

ヤンさんの手引きで知己を結んだ一人にホフマンさんがいる。ケントシンの老歯科医で八十四歳。少し耳が遠いが、カクシャクとなさっている。銀色の髪が美しい。いちど〝狼の巣〟に入りこんだことがあるという。極秘の施設とは、つゆ知らずにである。

「秘密というものは、厳重なようで、どこか間が抜けているものでしてね」

一九四二年の夏のことだという。患者の往診に出かけ、鉄道で帰る途中だった。植物採集が趣味である。「化学工場」用に新しく駅ができたことも聞いていた。近くの森を一巡りしていくのも悪くない。

駅舎から斜めに走る道を行くと、鉄条網で仕切られていて、検問所があった。外来の客らしいのが車で入っていく。小屋の前に三人、制服姿の見張りがいて、ナチス式の敬礼をした。

ホフマンさんは通りすがりに同じくナチス式に片手をあげた。制服組がそれに答えた。

「それだけですか?」

「ええ、それだけ」

そのときもまだホフマンさんは、化学工場とばかり思っていたそうだ。薬品や医療器具には知識がある。ことのついでに見学していくのはどうだろう。森をめあてに歩をすすめた。草地で立ちどまった。シャボンの匂いがした。平屋の一つの窓が開け放しで、白衣姿が見えた。白布を首に巻いた人が髪を刈ってもらっている。てっきり工場の理髪室だと思った。広々とした敷地に、ゆったりとした配置で設備がいろいろそなわっている。

　あいかわらずゆっくり歩いていった。白い、ま四角な二階建てがあって、珈琲の匂いがした。料理の匂いもまじっている。工場付属の食堂だと思った。戦争がはじまって三年目、家庭の台所が窮乏をみせてきており、工場の食堂のメニューが気になった。なにげなく窓辺に寄った。

「ヒトラーと顔が合いました。ホラ、こんなぐあいに――」

　ホフマンさんは眼鏡をはずし、温顔をわざといかめしくして、グリグリ目玉をむいた。ヒトラーにとっては見慣れぬ顔でも、ホフマンさんには、新聞やプラカードでいやになるほど見せつけられていた顔である。しかし、それでもやはりヒトラーとは気づかなかった。ヒトラーに似た顔の会社幹部だと思った。ヒトラーばりのチョビひげをはやした迎合好きのお調子者。国営会社などには、よくいたものだそうだ。

　相手はすぐ横に向いて、ナフキンをたたんだ。かたわらのシェパードに向かって何やら言った。ホフマンさんはそのまま建物を通りすぎた。
　二、三の花を採集して、もとの検問所を通ったとき、なぜかそのときは誰もいなかった。駅に着き、つぎの列車で家にもどった。

それが極秘の施設だと、ホフマンさんが知ったのは、同年秋のこと、患者の口を通してである。ポーランド人の穀物商人だったというが、列車に乗り遅れ、歩いて町をめざしていた。近道をするつもりで東の門から入り、西の門から出ようとして誰何《すいか》された。そのあと、厳しい取り調べを受けた。

「その人も何も知らずに通り抜けていたのですね」

ホフマンさんの説によると、たとえ極秘であれ、それを知らない者には秘密でも何でもない。そしてどのように封印しても、人間がなすこと、また組織といったものには、きっと愚かしいところがあるという。

真相を知ってから、ホフマンさんは誰にも自分の散歩のことは言わなかった。

「わたくしの生涯の秘密です」

声をあげて笑った。

ホフマンさんが、それを総統と気づかなかったのは、ヒトラーがそのころから、目にみえて肥りはじめていたせいかもしれない。写真で見るかぎり、肥ったというより、むくんだ感じだ。目の下や顎にたるみをみせ、からだも鈍重な脂肪のありかを示して

ケントシンの旧ドイツ人街

いる。権力者が絶頂のあと、坂を下りはじめるとき、きまって見せる肉体的兆候である。応じて精神のキレも失せていくのだろう。ムラ気になり、猜疑心が強くなり、判断に誤りを見せてくる。

ホフマンさんに「狼の巣」跡の印象を問われたとき、私は跡地を吹き抜けていた殺菌されたような冷たい風と、何かがすえたような匂いのことを口にした。そして機能だけでつくられた、技術の置き土産そのもののコンクリートの残骸は、嫌悪と畏怖以上に根源的な恐怖をかき立てる、といったことを述べた。ホフマンさんは耳の遠い人によく見かけるが、口をかたくむすび、首をこころもち曲げていた。一心不乱に聞いているようではあるが、実は聞こえていなかったのかもしれない。私の話の終わりを待ちかねたように、急に、あの辺りは蚊が多くてヒトラーも往生したはずだと言った。

ヒトラー暗殺未遂事件

ヒトラーが対ソ連戦の総統大本営をラステンブルク近傍に置いたのは、この町が東プロシア内陸部の中心都市であったせいだろう。現在のポーランド名ケントシンが何に由来するのか知らないが、一九四五年まで使われていたドイツ名ラステンブルクは「安らぎの砦」の意味をもっている。中世のはじめ、ドイツ騎士団は東方進出にあたり、まず砦を兼ねる城を築いた。安全な拠点をもうけ、そのあと教会、学校、公民館などをつくっていった。ドイツ北部から移ってきた人々は、郷里と同じ赤レンガを用い、正面におなじみの五本指を立てたようなファサーデをつけた。

一九三〇年の人口は約三万。豊富な水源を利用して織物、自動車、化学産業が盛んだったというから、秘密の指令本部を「国営化学工場」とカモフラージュして建設する理由があったわけだ。

ヤン・ジュニアーク氏はカロレヴォ通りの旧市街に住んでいた。同じような赤レンガでも、戦後に復元されたものと、十九世紀の古いものとでは、雰囲気がまるでちがう。旧の建物は壁や窓まわりに石造りの装飾があって、全体に重々しい。一階部分の壁面に「製本」という意味のドイツ文字がシミのように残っていた。現在はクリーニング屋。番地をたしかめていると、二階から「ヤポンスカ！」と声が降ってきた。身を乗り出して合図している。戸口のブザーを押せということらしい。ブザーの横にケントシン郷土館館長の標識が打ちつけてある。館長兼事務員兼調査官で、全部を一人で兼ねている。ホフマンさんによると、「わが町きっての学者にして変人」だそうだが、郷土史家とよばれる人によくあるタイプである。言われたとおりブザーを押すと、古めかしい両開きの扉が、きしむような音をたててゆっくりと左右にひらいた。

ホフマンさんも言ったことだったが、ヒトラーは蚊に悩まされたらしい。総統大本営のまわりを守るようにして、東西に大きな湖がひろがり、南と北にも小さな沼が点在していた。町の釣り好きや狩猟家の楽園に、巨大な地下壕をつくっていった。沼や湿地を埋めたてた。

「ホラ、おかしいでしょう」

ヤンさんは秘蔵の写真をつぎつぎに見せてくれたが、その一枚では見張りの兵士たちが頭から肩にかけて、すっぽりと網をかぶっている。鷲のマークにナチスの鉤十字と、女性のヴェールにも似た防虫網との取り合わせが珍妙である。

作戦本部の候補地を探すにあたり、幹部たちは攻められにくい地形を最優先した。ラステンブルクの町の東から北にかけては、総計十にのぼる広大な湖がちらばっており、その向こうがソ連との国境であって、天然の防衛線というものだ。だが調査隊は、湿地にはいかに大量の蚊やハエが発生するものかを忘れていた。ヒトラーはしばしば、顔や首すじを襲ってくる蚊をたたきつぶしながら、調査隊の隊長だった人物の名をあげて罵ったという。

「土地の値段が安かったせいで決めたのだろう」

皮肉っぽく、そんなことも口にした。とりわけ六月から七月にかけてがひどい。「ワーン」といった独特の羽音とともに、何万、何十万の蚊が襲来する。この蚊とくらべれば、「敵の空襲のほうが、まだしも耐えやすい」などと、総統はボヤいたらしい。

蚊やハエだけでなく、沼地には蛙がいる。同じく初夏を待って、何万、何十万と生まれてくる。つづいて夜ごとに蛙の大合唱がはじまった。総統の安眠を図ってだろう、沼地に石油をそそぎこんで、一挙に蛙を退治したことがある。

「なんというタワケどもだ！」

ヒトラーはまっ赤になって怒った。愚かなこと。蛙は毎日、何十匹もの蚊を食べる。何万もの蛙が、どれほど蚊の猛威を防いでいたか気づかなかったのか。ヒトラーはもともと、オーストリアの片田舎に生まれ、そこで育った。蛙が蚊を食べるといった生活上の知識は、貧しい少年時代に仕入れたものにちがいない。

そういったエピソードを話すとき、ヤンさんはヒトラーの口まねをした。演説のレコードなどでおなじみの口調であって、獅子吼《ししく》する絶叫調。ところが中身は蚊やハエや蛙をめぐってのことなので、なんともおかしい。巧みにまねながら、ひとセリフごとに当人がプッとふき出した。

クリスタ・シュレーダーといって、総統大本営のタイピストをしていた女性がいた。ヤン・ジュニアーク氏の遠縁の叔母さんにあたる。戦争が終わって二十年ばかりしてのことだが、はじめてヤン青年はそのことを知った。叔母から聞き書きをとろうとしたが断られた。ナチス・ドイツの秘密司令部に勤めていたことを人に知られたくなかったせいらしい。それでも何度か訪ねていくうちに、少しずつ甥に話してくれるようになった。

ヤンさんは手書きのノートと、タイプに打ち直したものとを見せてくれた。テーマ別になっていた。その一つが「蚊」と題されていた。クリスタ叔母さんが口をひらきだしたのは、話題が蚊に及んでからだった。彼女もよほど蚊に悩まされたのだろう。

男たちは、まだ幸運だった。ナチスの制服は首元までしっかりボタンでとめ、丈夫な上着の腹部はバンドで締めている。ズボンに加えて膝までとどく長靴《ちょうか》、頭にはいかめしい軍帽かヘルメット。敵軍にはともかく、少なくとも蚊に対しては防御に欠けるところがない。顔だけ用心していればいい。

女性は悲劇だった。首すじ、肩、胸元、両肘、両足、どうかするとつま先まで刺される。タイピストはタイプに向かっているとき、両手をキーにとられている。防虫網をかぶってみたが、息苦しくて仕事ができない。蚊の季節になると、肘や二の腕が紫色にはれ上がった。脚に刺されたあとの斑点が無数にできる。

ナチス・ドイツがソ連に宣戦したのは一九四一年六月二十二日のこと。その直前、ベルリンの総司令部がラステンブルクに移動してきた。このころは、蚊がもっとも襲来してくる時期でもあった。在野の歴史家ヤン・ジュニアーク氏によると、ヒトラーがあんなにソ連進撃を急いだのは、さっさと作戦を完了して、一刻も早く「蚊の大本営」を出ていきたかったせいではないか、というのである。

ヤンさんは英語、ドイツ語、イタリア語が堪能だ。しかし、どれもポーランド訛りで発音するので英語がドイツ語のように聞こえ、ドイツ語がポーランド語風になり、イタリア語が、どこの国の言葉ともつかぬ言語になった。浮き世ばなれしたことに情熱をもつ人特有の目の輝きと純真さ。身なりを構わない人らしく、ズボンにシミや、タバコの焦げあと。頑固者のクリスタ叔母さんも、この変わり者の甥には、よろこんで口を開いたのではなかろうか。

対ソ連との開戦以来、さまざまな政治家、元首たちが、つぎつぎと東プロシアにやってきた。ソ連進撃は枢軸国連合軍をたてまえとしていたからだ。ヤンさんはタイプの聞き書きからリストを引っぱり出した。ムッソリーニ、ブルガリア国王、フランス首相ラヴァル、ルーマニア元首、ハンガリーの元帥……。いずれも親ドイツ傀儡《かいらい》政権が成立していた国々である。在ベルリン日本大使も遠路はるばる訪れたことがある。

高速道路網の発案者フリッツ・トートの死をめぐり、ヤン・ジュニアーク氏が新しい事実を教えてくれた。一般には一九四二年二月七日、みずから設計したラステンブルク飛行場に向かっていて事故死したとされているが、そうではない。クリスタ叔母さんがタイプした記録によれば、その日の早朝、大本営「狼の巣」においてフリッツ・トートとヒトラーの会談があった。トートは三日前から「狼の巣」に滞在していた。二月七日、飛行機でベルリンに向かった。

雨の降りしきる悪天候だったが、九時三十七分に離陸。雲間に消えた二人乗りが、なぜかしばらくして引き返してきた。急激に機首を落として、緊急着陸の姿勢をとった。そのとき、後尾が火を噴いた。右翼を下にして落下、爆発した。卓抜した道路プランナーはパイロットとともに死んだ。

原因は、いまにいたるまで不明である。単なる事故死なのか。あるいは、ほかに理由があったのか。ナチス軍部では旧来の鉄道派と、フリッツ・トートを代表とする道路派が烈《はげ》しく争っていた。東部、西部ともに、のびきった戦線の補給路に対して、伝統の鉄道派と新興の道路派が角突き合っているさなかに、不可解な事故が起きた。旧派の陰謀説がある。少なくともフリッツ・トートの後継者アルベルト・シュペーアは移送に鉄道を重用した。トートの壮大な計画は、多くが青写真のままにとどまった。「とっておき」と断って、ヤンさんが大きく引きのばした写真を取り出してきた。裏にシールが貼ってあって、日付と人物名がしるしてある。

時　一九四四年七月二十日午前

於「狼の巣」迎賓館前

人物　左よりシュタウフェンベルク大佐、プットカマー中将、ボーデンシャッツ元帥（背中を向けた人）、ヒトラー、カイテル将軍（書類を持つ）

ヒトラー暗殺未遂事件の直前にあたる。ソ連軍の大攻勢がはじまったころで、ドイツ国内の予備軍を東プロシアへ投入するための会議であって、シュタウフェンベルク大佐は実務担当の責任者だった。写真ではヒトラーとボーデンシャッツ元帥が握手をしており、シュタウフェンベルクは背すじをのばして敬礼の姿勢をとっている。強力爆弾を書類鞄にひそめ、それを左手にかかえてきたはずであるが、写真には映っていない。

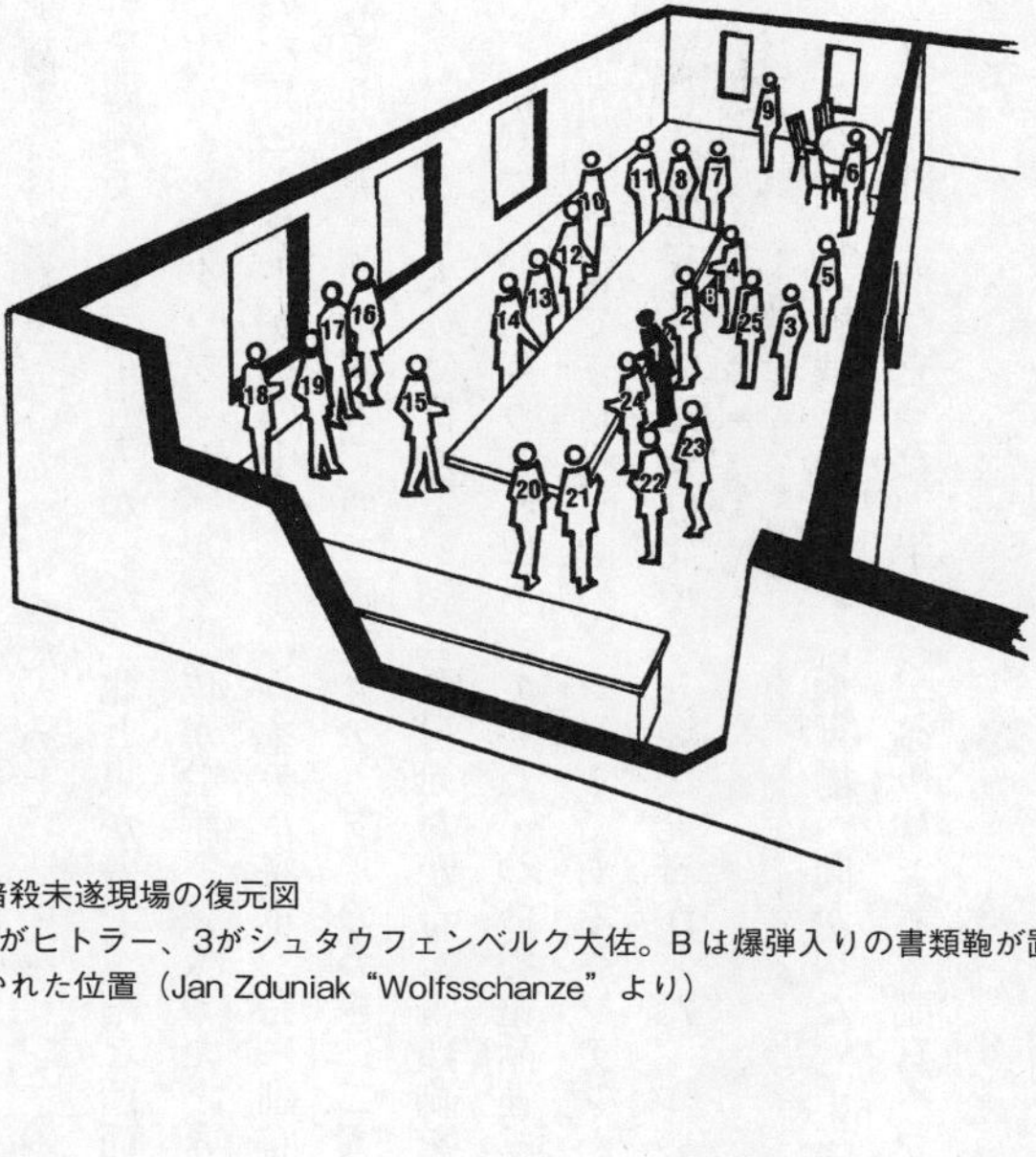

暗殺未遂現場の復元図
1がヒトラー、3がシュタウフェンベルク大佐。B は爆弾入りの書類鞄が置かれた位置（Jan Zdunjak “Wolfsschanze” より）

ヤンさんは作戦会議の開かれた木造の建物内部の人物配置を復元していた。手に入るかぎりの証言や資料にもとづいてつくったもので、「千に一つ」のまちがいもないという。長机を囲んで、計二十五人がいた。北と東が壁で、南と西面に窓が計五つ。午後十二時三十分、シュタウフェンベルク大佐が会議室に入ったとき、議論がすでに交わされていた。ヒトラーが机の中央、左にカイテル将軍、右に副官がいた。机のまわりに十人あまり。窓ぎわに四人、西の隅の丸テーブルのわきに二人。

シュタウフェンベルク大佐は机の下、副官の足元ちかくに書類鞄を置いた。みずからはしばらく、副官の二、三歩うしろに立っていた。ついで電話連絡を口実に部屋を出た。ちかくに大佐の副官で、暗殺計画のメンバーであるヘフテンが車で待機していた。大佐が乗りこんだとき、木造の建物で烈しい爆発音がした。ついで建物全体が黒い煙につつまれた。

シュタウフェンベルクの車はまっしぐらに飛行場へ向かった。十三時十五分、二人乗りがベルリンへ向けて飛び立った。十五時、ベルリン着。副官ヘフテンが暗殺計画本部に電話をした。

「ヒトラーは死んだ」

十六時、反ヒトラー派の一斉蜂起。その直後に報告が入った。ヒトラーは無事で、かすり傷を負ったのみ。

作戦本部は混乱した。誰もがヒトラーの報復のすさまじさを知っている。二十三時。一斉蜂起は失敗、ベルリン占拠に至らなかった。真夜中ちかく、シュタウフェンベルクとヘフテン、ほか二名は即決裁判で銃殺された。

使われたのはイギリス製の強力な時限爆弾だった。ヤンさんは図にしるしをつけてくれたが、ヒトラーのななめうしろにいた将軍、副官の隣りの作戦中将、さらにそのわきにいた二人が重傷を負い、数日のうちにあいついで死んだ。死者はテーブルの西側半分に集中しており、ヒトラーはそのちょうど境にいた。もし書類鞄の向きが反対であったら総統は確実に死んでいた。机がカシの厚板でできていたことも、ヒトラーに幸いした。

深夜一時、全ドイツに臨時ニュースが流れ、ヒトラーが演説した。自分は無事であって「よこしまなる者たち」の謀《たくら》みは失敗。「わが生涯の目標を、つつがなくつづけるようにとの神意を証すもの」

ヒトラー暗殺計画は「ヴァルキューレ」の暗号で呼ばれていた。シュタウフェンベルク大佐、ベック大将、ロンメル将軍、元ライプツィヒ市長・ゲルゲラー博士、シュテュルプナーゲル将軍など、ナチス・ドイツにあって、わずかにのこった最良の人々が加わっていた。爆弾を仕掛けたのは、クラウス・シェンク・フォン・シュタウフェンベルク大佐である。名前からもわかるが、旧プロシアきっての名門の出であった。前年、チュニジア戦線で重傷を負い、左目を失明、右手を失っていた。痩せた、聡明な顔だち。名門貴族に特有の祖国への強烈な責任感から優秀な将校のつとめを果たしてきた。その祖国が一人のならず者の権勢欲から破滅に瀕している。このたびの動員計画の説明役として、左手に書類鞄を抱えてきた。そこには書類のほかにイギリス製の時限爆弾が入っていた。会議の前に、テーブルの下にそっと置いた。大佐がそっと部屋を出た直後、予定どおりに爆発した。死者四名。ヒトラーは至近距離にいたにもかかわらず、なぜか死を免れた。片方の鼓膜が傷つき、新しいズボンが少し裂けた。ただそれだけ。

その日の午後、ムッソリーニの来訪が予定されていた。ヒトラーはズボンを取り換えてムッソリーニを迎え、みずから半壊した会議室を案内した。

「もし七月ではなく九月だったら、目的を達していたでしょう」

ヤンさんは少し残念そうに言った。秘密大本営は湖沼地帯の湿地を埋め立ててつくられたので土地がジメついている。そこのコンクリートのかたまりとなると湿気が充満しており、とても地下壕にいられない。そのため地上の木造の建物があてられた。九月になるとポーランド北部はすでに肌寒い晩秋である。最重要な会議には地下の会議室が使われ、その密閉度よりして暗殺は必ずや成功しただろう——。

復讐は峻烈をきわめた。「ヴァルキューレ」計画の発案者フォン・トレスコウ少将は失敗を知って自殺。その腐乱死体を棺から引き出して、計画仲間の尋問の武器にしたといわれている。七百人が逮捕され、民族裁判所判事ローラント・フライスラーが一手に裁いた。まず百五十人あまりが処刑された。首謀者とされた人々は、ベルリンのプレッツェンゼー監獄でピアノ線による絞首刑に処せられた。緩慢に首が絞められ、それだけ苦しみの長い残酷な方法である。その経過が細大もらさずフィルムに収められてヒトラーのもとに届けられた。権力者におもねる側近たちは、総統への最高のプレゼントと考えたらしい。ヒトラーはそれを見たとも、見るのを拒んだとも、両方の説が伝わっている。

一九九二年七月二十日、大本営跡で小さな集まりがあった。暗殺未遂四十八年目にあたる。シュタウフェンベルク大佐をたたえ、その悲劇を記憶にとどめるため、ケントシン市当局の肝入り。かつて会議室のあったところに碑を立てる。ヒトラーとナチス独裁に対して立ち上がり、果敢に行動し、無念の死をみた人々を讃えるための集会だった。記念碑は開かれた本のかたちをしていて、烈風を受けたようにちぎれかけ、ゆがみ、ねじれている。丸い台座の上、まわりは剝き出しの赤レンガの残骸。

「ほら、そのときの写真でネ」

シュタウフェンベルク大佐には、三人の幼子がいた。いまや白髪をまじえる齢になった三人が列席していた。顔が半分、肩ごしにのぞいているのは、追悼式実行委員長ヤン・ジュニアーク氏の勇姿である。

私は翌日、ヤンさんのオンボロ車で順に見てまわった。一九四〇年秋だから、ソ連進撃の半年あまり前にあたるが、「狼の巣」の近辺九キロから六十キロ圏に、いくつかの「分巣」といったものがつくられた。

もともと秘密の基地であれば、あまり大きくするわけにいかない。大きいとカモフラージュがむずかしい。また、あまり一点に集中すると、空爆や落下傘部隊に弱いのだ。ひとたび攻められると、一挙に壊滅する。

とともに、ヒトラーの側近たちの確執もあった。ヒムラー、リッベントロップ、ゲーリングたちが総統に対する忠誠と「成績」とを競っていた。

いずれも「狼の巣」と同じように、暗号でよばれていた。フリードリヒ大王の愛称だった「フリッツ」、あるいは「石の森」「バラの園」など、優雅な名称を与えられたものもあった。側近連中それぞれの個性があらわれていて、おかしいそうだ。外務大臣リッベントロップは宮殿や城が好きで、東プロシア貴族が湖畔に建てた城を防空施設にあてた。ヒムラーは原野の森を好み、「密林」と名づけていた。空軍基地は「ロビンソン」。どうしてロビンソンなどと名づけたのか？　基地として、並外れて離れた一点にあり、絶海の孤島に流れついたロビンソン・クルーソーの気持ちだったのかもしれない。

ゲーリングは空軍大将として、よく「ロビンソン」にやってきた。派手好みのゲーリングには、孤島が好みに合わなかったのだろう。十キロばかり離れたところの、東プロシア王ヴィルヘルム二世が建てさせた狩猟用の山荘を住居とした。それはさながら、戦争ゴッコの子供たちが、めいめい自分の秘密基地をつくるのに似ていたという。

そもそも「狼の巣」は連合国側の諜報機関がとっくに察知していた。情報はつつぬけだった。ムッソリーニをはじめ、枢軸国の高官たちが訪れる。大手を振ってやってくる。それがいかなる施設か、わからないはずはない。にもかかわらず、少なくともさまざまな証言や秘密書類の告げるかぎり、ナチス高官たちは「完全な秘密」のうちに運営されていると考えていた。

大本営跡の一角に墓地があった。ラステンブルク近傍の村人が、古くから使ってきたものだった。「国営化学工場」のたてまえを通すためにも、ナチスは村人の通行と葬式を大目に見た。大目に見なくてはならなかった。

死者の葬儀があるとき、ヒトラーをはじめ、主だった者たちは、じっと部屋にひきこもり、身を隠していた。実のところ、彼ら自身がコンクリートと厚い壁と、鉄条網と、地雷地帯に取り巻かれたなかの捕虜だった。みずからあみ出したシステムと妄想の捕われ人だった。

「死者たちはクスクス笑っていたでしょうね」

ヤンさんは運転しながら、おかしそうにそんなことを言った。

ひとり者の車はタバコや何やかやで汚れっぱなしだったが、手編みのすわりぶとんだけが美しかった。つい先だってヤンさんの本が出版されたお祝いに、クリスタ叔母さんが贈ってくれたものだそうだ。

水陸船第一号

ショパンに「マズルカ」と題した多くのピアノ曲がある。ポーランドのマゾヴィア（マズーリ）地方の伝統的な踊りのリズムを取り入れて作曲した。ポーランド人ショパンにとって懐かしい祖国の民俗舞曲である。作曲していたとき、幼いころのさまざまな情景を思い出していたのではなかろうか。

単に懐かしいだけではなかった。世界史の教科書には「ポーランド分割」といった言い方で出てきたが、十八世紀のこと、ロシア、プロシア、オーストリアが三度にわたりポーランドを分割した。強国が力でもって弱小国の領土をぶん取ったわけだ。ショパンの時代にはポーランドは地図上から消え失せていた。ポーランド人は「亡国の民」といわれた。

パリにあって故国の踊りを作曲に取り入れた理由がわかるのだ。「マズルカ」はまたナショナリズムを訴えるための音楽だった。四分の三拍子の軽快なリズムは郷土色をつたえるとともに、権力の理不尽さを芸術の高みから見返す役割をおびていた。

マゾヴィア地方はワルシャワの北、ポーランドの北東部にあたる。地図をひらくとひと目でわかるが、やたらに「湖沼」をあらわすしるしがついている。ポーランドはもともと「平原」といった意味であって、ほとんど山がない。列車で行くと右を見ても左を見ても、ただただ平べったい。はるかかなたの地平線へとつづいている。

そのなかでもマゾヴィア地方はとりわけ低地帯であって、別名が「千の湖の国」。地球の氷河期の置き土産だというが、大小さまざまの湖沼が点在している。地図にはミミズがうねったぐあいに、あるいはクラゲの脚がのびたふうに、さらにはツララが溶けかけて滴を垂らしたように描いてある。実際そんな形をしているからで、実に多様な形態をとどめている。

日本流の考えだとミミズのうねりやクラゲの脚は生活に不便であって、まっすぐにしたり橋をかける。ツララの滴は埋め立てる。「千の湖」を百にしてもかまわない。

ポーランド人は考え方がちがうようだ。湖沼のまわりは丹念に耕してある。森にもあきらかに手が加わっている。だが湖沼そのものは自然のままにとどめてきた。氷河期の記憶を消し去るのは野蛮な行為にあたるからだろう。

そんなマズーリ地方の中核都市の一つオストルダは、ドイツ時代はオスターローデといった。地名のおしりに「ローデ」がつくのは「森をひらいてつくった」といった意味である。東プロシアの入植者にあっては、荒野ではなく森林を切りひらいた。そのための知識と技術をもつ人々がやってきた。

ためしにドイツの地図でたしかめると、中央部からやや東よりの辺りに「ローデ」のつく地名がちらばっている。ヴェルニケローデ、タンカーローデ、オストローデ……。数えていくと、四十ちかくもある。

ハルツ地方といって、広大なテューリンゲンの森のつづくところだ。まん中にそびえるのがブロッケン山で、魔女伝説で知られており、ゲーテの『ファウスト』にも出てくる。聖女ワルプルガの祝い日に魔女たちが箒に乗ってやってきて、山頂でランチキ騒ぎをするという。どうして聖女と魔女とが結びついたのかよくわからないが、古くからそんな伝説がつたわっている。

中世の半ばすぎ、すでにハルツ山地に人が入っていて、「ローデ」のつく町づくりをしてきた。森の木を切り出して、それで家を建てる。いまでもハルツ地方には美しい木組みの町がいくつもあるが、ヴェルニケローデをはじめとして、おおかたがおしりに「ローデ」をもっている。

土地は痩せており、そのうえ冬は雪に埋もれる。生活は厳しい。長男が家を継ぎ、二男、三男は出ていった。出ていかなくてはならなかった。グリム童話の「ヘンゼルとグレーテル」では、両親がわが子を森に捨てる。テューリンゲン地方には、よく似た話がいくらもあって、一家が食いかねると、親が子を捨てた。子は知恵を働かして生きのびるすべを見つけた。童話では、ヘンゼルとグレーテルが魔女を退治して宝をもち帰ったが、さびしく一人住まいしている老女を魔女ときめつけてやっつけ、あり金をかっさらったと読みかえてもかまわない。ブロッケン山の魔女伝説には、弱者を魔女にしたてて「処分」した闇の歴史があずかっていたのではなかろうか。

さらに東プロシアへの移住のかたちといったものもうかがえるのではあるまいか。バルト海沿いの荒涼とした土地をひらくにあたり、それぞれが自分の町や村をもって移ってきた。北ドイツの海沿いには、地名のおしりに「ミュンデ」がつく町が多い。川が海に注ぎこむところの河口の町であって、そこの二男坊や三男坊たちは、東プロシアでもやはり河口の辺りに住みつき、おしりに「ミュンデ」のつく町をつくった。

いっぽう、森の国に生まれた者たちは、おのずと内陸部を選び、「ローデ」の町づくりをした。ときには故里の町名をそのままあてた。

港町グダニスクからバスで三十分あまり内陸に入ったところにエルブロングという町がある。マゾヴィア地方の入口であって、もう一つの中核都市をオストルダという。ともに湖岸にあり、さらに中間に帯のように細長い湖がのびている。ガラスに落ちた水滴を指先で引っぱったぐあいで、名前がルーダ・ヴォーダ湖。「くねくねした」といった意味だそうだ。

子供のいたずら描きとそっくりだ。ミミズのようにうねったのや、クラゲのようにのびたのや、ツララが溶けかけて、滴を垂らしたようなのや、実に不思議な湖面をつくっている。いまなお氷河期がそのままつづいているようなのは、森や野には人手が入っても、湖沼そのものは、さしていじらなかったせいだろう。一つだけ例外を認めた。湖に船を浮かべ、同じその船を陸にも走らせる。ミミズのうねりやクラゲの脚やツララの滴を、そのままに残して進もうとすると、船は水陸両用でなくてはならない。

オストルダことオスターローデの水陸船を教えてくれたのは、ホテルのドアボーイである。顔なじみになったある日、こちらがロビーの椅子にすわりこんで地図をながめていると、わきからのぞきこみ、湖沼地帯を指でつついた。船が走っているというのだ。それはこちらも知っていた。地図にしるしがついている。

相手はその上に指で線を引くようにした。船のコースだそうで、湖を抜け、山を走り上がり、またつぎの湖へとまっしぐら——。

冗談だと思って顔を上げると、そうではなく、たしかにオスターローデの船会社がこのコースで船便をもっているという。以前は木材や農産物を運んでいたが、当節は観光に力を入れている。

現在の社名は、正確には「オストルダ＝エルブロング運河運行会社」という。内陸部のオストルダと、河口の工業都市エルブロングの間を運行しているからだ。その間の約八十キロを、五時間で結ぶ。途中の山や谷を船が通っていく。会社設立のころは「オスターローデ水陸船」といった。第一号が就航したのは一八五二年のこと。べつに世界中の記録をしらべてみたわけではないが、地上にお目見えした水陸両用船のなかでも、もっとも早いケースではあるまいか。船運の技術とともにミミズやクラゲやツララ型のへんてこな湖沼が生み出したものにちがいない。

オストルダはいわゆる湖畔の町であって、ひょうたん型をした大きなドルヴェンキエ湖のまわりにひろがっている。赤茶けたレンガ造りの教会と市庁舎、木組みの家並みが少しあって、「ローデ」のころの面影をとどめている。切り出した木材を運ぶのに船を利用した。ぬかるみの道を馬車で運ぶよりも、はるかに効率がいい。

ひょうたん湖の先の山地を抜けると、むやみに細長い湖がある。ながながと南北にのび、それがまたやたらにくねくねとしている。ガラスに落ちた水滴を指先で引っぱったぐあいである。そのせいか「うねうねした」といった意味の名前がついた。たとえ奇妙な形であれ、湖であれば水でつながっている。ここを船で突っきれば、海辺の工業地がぐっと近くなる。あいだの邪魔っけな山地をどうにかできないか？

オストルダ＝エルブロング運河運行会社発行の「社史」によると、十八世紀の半ばごろというから、ポーランドがまだ地図から消えていなかったころ、当地の地形に目をとめた人がいた。森の道を馬車で行くよりも水ですべっていくほうがラクである。それに船だと大量の木材を一度に運べる。湖を運河で結び、二つの都市を水路で往き来することはできないか？

マゾヴィア地方には早くからドイツ人やオランダ人が入植していた。ポーランド人のほかにもリトアニア人、ロシア人、少数民族のカシューブ人が住んでいた。この北方の地に小さな民族共存体が実現していた。大きな森の豊かな木材は大きな資産であるが、運送となると、やたらと重い。なかんずく丸太は大変だ。しばしば馬がくたばる。車軸が折れて積荷が崩れ、人が死んだりもした。同じことなら森の道ではなく水面をすべらせられないか？　日本では筏《いかだ》にして流したが、水面の静まり返った湖沼では流すというわけにいかないのだ。

一七八九年、フランス革命が勃発した年である。ヨーロッパ中が息をつめて革命の行く末を見つめていたころ、東プロシアの湖畔の町では、優雅な行く末を話し合うための会議が開かれた。山を削って運河をつくり、水の帯で結べないか？

発起人が三日がかりで現地を視察した。オスターローデは内陸の町であって、海抜九十五メートル。ひょうたん湖の水位もこれに準じる。海辺の工業都市エルブロングは海抜〇・三メートル、当然のことながら町の南にひろがるドゥルズ湖もこれと同じ。さらにルーダ・ヴォーダ湖の南は小山になっていて、標高約百メートル。

当時は、この水位の差がどうにもならず、運河建設は沙汰やみになった。あらためて計画が動き出すのは、十九世紀の産業革命のただなかのこと。新しい技術と土木工学が、それまでどうにもならなかった困難を一挙に解決した。

旧東プロシアの町名には、オランダ語の語尾をもつものがいくつかまじっている。あるいはわざわざ「オランダ町」にあたる形容詞を土地につけたりした。オランダからの入植者たちがひらいたからだ。

オランダは元祖「千の湖の国」というものだ。北海沿いの低地に堤防と運河で国づくりをしてきた。もっとも新しい大工事は一九二〇年代にはじめられた。アムステルダムから車で北に一時間あまりのところ、三十キロに及ぶ大堤防をつくり、海を仕切った。その大堤防を見た司馬遼太郎は、おもわず呟いたのだろう、『オランダ紀行』に、まことに世界は神がつくり給うたが、オランダだけはオランダ人がつくったという意味のことを何度も書きつけている。

東プロシアのオランダ町は内陸部に多い。湖を扱うことに慣れた人々が移ってきたからだろう。オスターローデの新事業にあたり、そのオランダ町が一役買った。一八二五年、オランダの技師J・ステーンケが招かれて、丹念に現地を歩いた。水運のプロフェッショナルは百メートルにちかい水位の差を克服し、船を「山に登らせる」ための設計図をつくった。

私に水陸船を教えてくれたドアボーイは、湖を指でたどりながら、こんな言い方をした。

「レイク――カナル――フォレスト――レイク……」

湖、運河、森、湖と、歌うようにあげていきながら、あいまに「ランプ――ロック」などをはさんだ。

「レイク――ランプ――ロック――カナル……」

「ランプ」は高速道路に使われている。たしか高さのちがう二点間をつなぐための立体交差をランプといったはずだ。それはわかるのだが、水位の異なるものを、どうやってつなぐのか？　土とちがって、水は傾斜させれば低い方へと流れてしまう。なだれ落ちて、立体交差などさせてくれない。

それに「ロック」とは何のことか？　つまり「鍵」かとドイツ語でたしかめると、老ドアマンはうなずいて、指先で鍵をまわすしぐさをした。

オランダの水運技師も、船を山に登らせるのははじめてだったらしく、いろいろ案を立てた。最終的にまとまったのがランプ案だった。海抜〇・三メートルから海抜九十五メートルまで船を引き上げる。そのために五つのランプを考えた。同じくコースを交差させるのに、水であれば立体は不可能だから、平面で交差させ、しかも立体と同じく上方へ引き上げる。そのために水位をロックしながら順次、ランプを高めていく。

ランプごとに「ビッグ・ドラム」のための建物をつくる。ビッグ・ドラムはケーブルカーを引き上げるときの大きな車輪のようなもので、ワイヤーを巻いていく。ワイヤーの先に「プラットフォーム」がついていて、船を乗せ、運河を通って高い水位へ移らせる。水位の異なる運河を閉じるのがロックである。プラットフォームには前後にワイヤーがついていて、前方と後方でビッグ・ドラムが船体を守るようにして高所へ引き上げたり、下の水位まで移すわけだ。

技師ステーンケが何をヒントに、このような案を思いついたのかはわからない。オランダの運河で鍛えた人も、水位のちがう運河をつなぐのには面くらったことだろう。当然、湖沼地のあいだに水路を開削しなくてはならない。森に開発の手が入るので、反対の声が上がったらしい。ステーンケ案は設計図のままにとどまり、二十三年ばかり眠っていた。

工事にかかったのは一八四八年六月とある。同年二月、パリで二月革命が起き、それが波及して、ヨーロッパの主だった都市は暴動騒ぎで大揺れに揺れていた。そんなさなかにマズルカの里では、なんともたのしい工事がはじまった。エルブロング側の第一ランプは四五〇メートルの運河によって標高差十三メートルを上がる。第二ランプは五一〇メートルを費やして二十二・五メートル、第三ランプは六二〇メートルにより二十五メートル。そのようにして五つのランプをもって百メートルを克服。やがて旗をなびかせ、船がさっそうと陸に上がり、山を走りはじめた。

エルブロングの乗船場には親子づれが列をつくっていた。ポーランド語にまじってドイツ語がとびかうのは、北ドイツからの観光客が多いせいだ。先祖をたどるとマズルカの里にいきつく人が少なくない。

さしあたりは湖を船が行く。この間は何ごともない。陸に上がると、なんともおかしいのだ。世にもフシギな生き物が、しずしずと森を分けていくかのようだ。船自体も多少ともバツが悪げで、ギシギシと全身をきしませたりする。再び水辺にくると、待ちきれぬといったふぜいでとびこんでいく。

乗船のときにもらったパンフレットに「陸を行く船」のコースの図解がしてあった。湖岸ごとに「ランプ」とよばれるエンジンルームつきの建物、そこには「ビッグ・ドラム」といって、ケーブルカーを引き上げる大車輪がそなわっている。さらに「プラットフォーム」とよばれる車輪つきの長い台、ビッグ・ドラムがワイヤーで船体を高所に移す。陸から湖の場合は下の水位に移動させる。実際はもっと複雑な仕組みなのだろうが、甲板からながめているぶんには、これぐらいしかわからない。この程度でも十分に驚異であって、プラットフォームに着くたびに「オー」といった声が上がる。再び水面に下りると、たがいに顔を見合わせてうなずき合う。「よかった、よかった」というこころもちで、やはり船が陸を行くあいだは、なにやら乗り物をまちがえた気がして落ち着かない。

くねくねのルーダ・ヴォーダ湖の西かた一帯は国立公園になっており、立派な角をつけた野鹿が水辺にたたずんでいた。ハスのような水生植物がいちめんに花をつけていた。ポーランドのシラサギは灰色をしていて、くちばしが黄色い。頭に派手なかんむりをのせた鳥もいた。まっ赤なくちばしの鶴が、おそろしく長い脚を「く」の字に曲げて、水陸両用船を見送っていた。べつだん動物保護といったことではなく、ごくふつうに人と文明と自然とが共存している。

公園事務所のある森の一角に技師ステーンケの胸像が据えられていた。当時の紳士

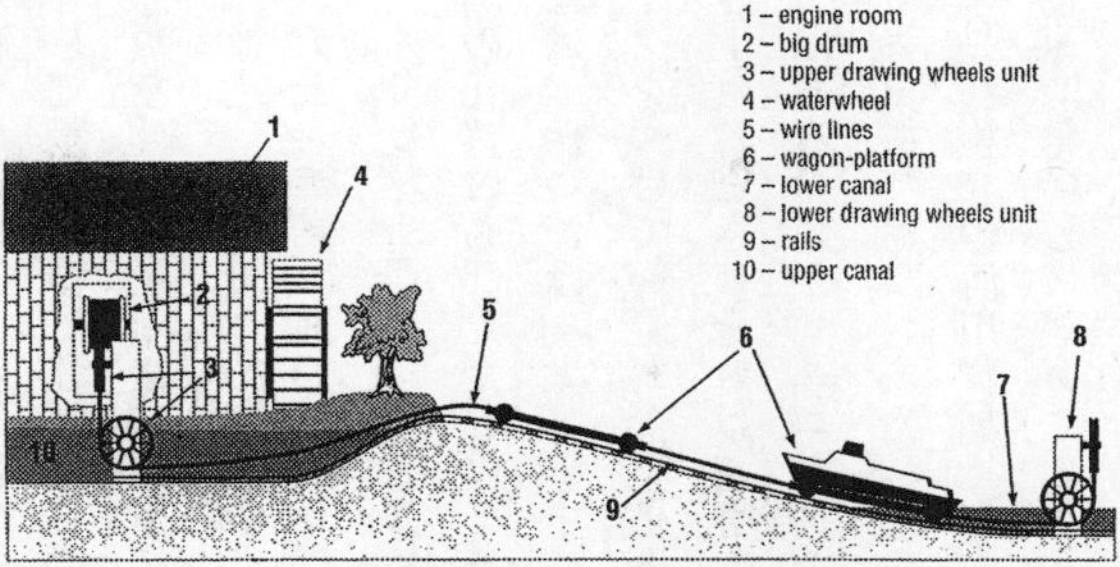

船を引き上げるビッグ・ドラムの構造（運行会社の紹介パンフレットより）

丘を行く水陸船

の作法であり、立派な八字ひげをはやし、立カラーで威儀を正している。せっかく苦心して設計図まで仕上げたのに、工事反対がもち上がり、失意のうちに東プロシアを去った。二十三年後に工事にかかったときは、べつのオランダ人技師が監督をした。しかし、ステーンケの設計どおりにつくられた。ほかに案をつくる余地がないまでに、ステーンケ案は地形をとりこんで、みごとにつくられていたらしい。

水陸船第一号は「ヴィルヘルム皇帝号」とよばれた。日の出の勢いだったプロシア国の元首にちなんだわけである。現在はビッグ・ドラムと、英語でよばれている大車輪は、かつては「太陽の車」の意味をもっていた。蒸気の力でまわり、車軸に王冠マークをつけていた。蒸気機関が激しく湯気を吐き、大車輪がギリギリとワイヤーを巻き上げるとき、それはまさしく太陽の運行によって世界が廻るような思いをさせたのではあるまいか。ユニークな水運を実現するにあたり、人々は小なりとはいえ国づくりの気概でもってあたったらしい。

これまでの河川に加え、木材と農産物の新規のルートを得て、エルブロングの町は急速に発展し、グダニスクと肩を並べるまでになった。

オスターローデでも新しい流通ルートのはじまりが、町を大いに活気づけたようである。木組みの家には、しばしば軒や扉の上に、建てた者の名前が彫りこまれているものだが、オスターローデの古い町並みには、1862とか1869といった数字がのこっていた。かたわらに「ヘルマンとカタリーナ」「アルフレートとその妻」。新しい土地に念願叶ってわが家をつくった二人である。木組みのスタイルにも、捨ててきた故里の技法が踏襲されたのだろう。同じような組み方のようで、よく見ると、ななめや横の添え木にちがいがある。

ハルツ地方には、建てた年号にそえて格言を刻みつける習わしがあるが、東プロシアにもそれが持ちこまれてきたのだろう。

「聖パウロの誓いのもとに」

どのような誓言なのか、それを戸口に彫りこんだ家があった。

「バラの花の咲くように」

気取った書体で、窓辺にそんな文字を刻んだ者もいた。

オストルダ゠エルブロング運河運行会社はドルヴェンキエ湖のほとりのモダンなビルに入っていて、一階がレストランとサービスコーナー、二階が事務所と眺望台を兼ねた休憩室。ものものしい船運規則のかたわらに、ズラリと写真が並べてあった。

ショパン号ほか、夏のシーズンは一日三便、定員六十名、前方が三層になっていて、いちばん上が操舵室。船長も船員も金筋入りの立派な制服に制帽をつけている。

きれいな船室があるのだが、誰もそんなところにはいたがらないのだろう。甲板の手すりに鈴なりになっている。湖にいるあいだは、ごくふつうの遊覧船だが、ランプに入り、ビッグ・ドラムに引かれている風景が、なんともおかしい。プラットフォームに乗ったまま船が帆柱の旗をなびかせ、山中を進んでいる。実際はゆっくり歩くような速度らしく、船を降りて、親子で歩いている人もいる。粛々と進行する船と並んで歩けるというところがたのしいのだ。とにかく陸に上がって疾駆する船は、なんとも異様であって、世にも不思議な生き物がしずしずと進んでいくように見える。

東プロシアの湖沼地帯に秘密の大本営をつくるにあたり、ナチス軍部の調査隊は当然、マズーリ地方をくわしく調べた。オスターローデの船運のこともヒトラーの耳に入っていただろう。国土をめぐらすアウトバーンの建設をもくろんでいた総統が、水陸船をどのように考えたのかは不明だが、戦略上には何の役にも立たないと見きわめたと思われる。秘密の総統大本営「狼の巣」は、オスターローデの東かた、ラステンブルクの町の郊外につくられた。

一九四五年二月、ソ連の赤軍がオスターローデを通っていった。その間の戦闘で町のかなりが破壊された。水陸船はすでにながらく停止していた。ビッグ・ドラムの大車輪が、鉄資材として徴用されたからである。「太陽の車」を失っては、船は陸に上がれない。

戦争が終わったとき、コースの八割がたは荒れはてていた。ランプは壊れ、ロックは草に埋もれていた。

町の人からおそわったのだが、教会に先立って修復に取り組んだものがある。つまりは陸を走る船である。ランプもプラットフォームもビッグ・ドラムもあとかたないまでに壊されていたが、二年間で修復を完了。一九四七年には、はやくも水陸船第一号がマズルカのリズムをひびかせながら走っていた。

「たのしみがないと人生はゴミと同じ」

そんな意味のポーランドのことわざがあるそうだ。それをおしえてくれた人はポーランド語をドイツ語に言い直し、片目をつぶって、いたずらっぽく笑ったものだ。

ショパン号は湖畔につながれて、船上レストラン兼演奏会場にあてられる。千の湖の国は晴れた夜には千の星が見える。船上コンサート案内板には、ショパンのマズルカではなく、ワルシャワのロックバンドのポスターが貼ってあった。

栈橋のわきに出迎えの人がつめかけていた。甲板の親子づれがしきりに「タンテ（叔母）」と呼んでいる。ドイツ人の親戚がいるのだろう。出迎えの群れの中から金髪の少年がとび出してきて、栈橋の上でピョンピョン跳ねながら手を振っていた。

カントの町

カリーニングラードはロシアのもっとも西の町である。一九四六年に誕生。前年までは「ケーニヒスベルク」といって、ドイツのもっとも東の町だった。一二五五年の誕生。歴史的には、七〇〇年ちかく古いのだ。

ドイツ時代の末期、一九三六年の記録だが、当時、ケーニヒスベルク市は人口三十八万あまり。人種の内わけは次のとおり。

ドイツ人　七八%
ロシア人　九%
リトアニア人　八%
ポーランド人　三%
その他　二%

「その他」は少数民族とよばれるカシューブ人。またドイツ人のなかには、かなりの比率でドイツ系ユダヤ人が含まれていた。

カリーニングラード市当局の記録（一九九六年）によると、現在の人口四十万あまり、内わけは次のとおり。

ロシア人　七九％
白ロシア人　九％
ウクライナ人　六％
リトアニア人　四％
ポーランド人　一％
ドイツ人　〇・五％
その他　〇・五％

主役がそっくり入れ換わったことが数字からも見てとれる。ドイツ人が避難、また追い出されたあと、ロシアから人々が移ってきた。

広大なロシア連邦のなかの西のはて、しかも飛び地であって、まわりをリトアニア、ベラルーシ、ポーランドに囲まれている。旅行者と同じように、ロシア人もまたロシアへ行くために、いちどは外国を通過しなくてはならない。旅行者にとっては、なおのこと厄介だ。ビザを取らなくてはならないのは、まあ、いいとして、すべての乗物が、一つの原則でつらぬかれている。ロシア人がロシアへ行くのに、また帰るのに都合のいい時間帯であること。

ドイツからだとワルシャワ経由の飛行機もあるが、接続がおそろしく悪くて、乗り継ぐためには、べつに一日をあてなくてはならない。バス便はグダニスク乗り換えで、どうしても夜行便になる。昼間に走っているのはモスクワ発の夜行列車が一本だけ、リトアニアで朝を迎え、夕方五時ちかくにカリーニングラードに着く。

リトアニアの首都ビリニュスまで飛行機で行き、翌朝、中央駅に駆けつけた。ビリニュスよりカリーニングラードまで三百四十キロ、それを七時間かけて走る。水を買いこみ、念のため一等にした。同じ一つの駅でも国際線は鉄条網の向こうであって、出国のかたちになり、パスポートを検査される。長大なプラットホームに人かげがない。肥った女と、当方の二人だけ。リトアニア語と英語のアナウンスがあって、只今のところモスクワ発は三十分の遅れ。しばらくして四十五分遅れに訂正された。肥った女は慣れているらしく、トランクを横にして腰を据え、彫像のように動かない。

それにしても日に一本きりの直通列車である。小国とはいえビリニュスはリトアニアの首都なのだ。そこからの乗客が二人きりとは腑に落ちない。定刻になっても誰もこない。列車もこない。初夏の太陽が眩しい。綿のような白いものが飛んでくる。ビリニュスの街路樹が白い花をつけ、地面に雪のような白いものが散っていた。

退屈なので検印ずみのパスポートを開いてみた。二頁にわたり荘重な紋章つきの入国・出国ビザが貼りつけてある。にわか勉強のロシア語では、文字もろくに読みとれない。RやNが逆向きになっているようで、わが名でありながら、まるで謎の記号のようだ。

一時間ちかく遅れて列車が着いた。太古の恐竜のような巨大な機関車が引っぱっている。そうでなくてはなるまい。車輛がどこまでもつながっていて、最後尾は小さな点に見える。

朝を迎えた夜行列車は、もの悲しいものだ。窓ごしに寝乱れた寝台やシーツや下着姿が見える。使い古しのタオルがぶら下がっている。ランニングシャツの男が寝ぼけまなこで窓辺に足をのせ、タバコをふかしている。通路でまごまごしていると女車掌がやってきた。キップを見るなり、ついてこいと手まねきをした。子供が走りまわっ

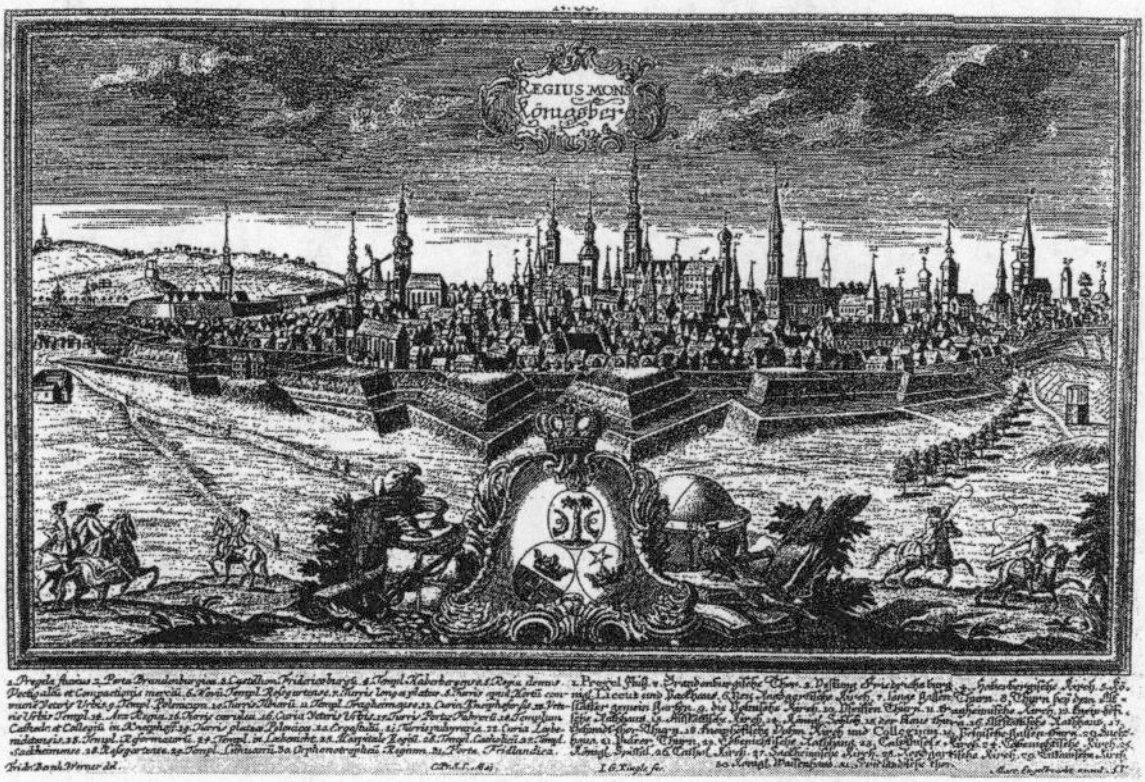

ケーニヒスベルク眺望（カントのころの銅版画）

ている。上半身はだかの大男が歯を磨いている。携帯ラジオがガンガン鳴っている。若い母親が赤子のおむつを取り換えている。

狭いコンパートメントに四つの寝台があって、上段の一つを指示された。三つはふさがっている。下の二人はトランプをしていた。上段の一人は毛布をひっかぶっている。鼻のつかえるようなところで、これから七時間あまりも揺られるのはたまらない。

私は多少とも旅慣れている。女車掌は英語もドイツ語もダメでロシア語だけだったが、かまわずにまず英語で言った。キップをひろげ、つぎにはドイツ語でまくしたてた。

「不当である……理解できない……一等キップである……余分に支払った……この席は承服できない……」

同じことをテープのようにくり返した。女車掌はロシア語で言い返す。お前の席はここだから、ここしかないということだろう。かまわずにまたテープのセリフをくり返した。「不当である……理解できない……余分に支払った……」

女車掌はお手上げといった表情をした。それからキップをひっさらうと、肩をそびやかして行ってしまった。しかたがないので通路に突っ立っていた。

しばらくすると、べつの女車掌を伴ってもどってきた。やはりロシア語だが、おまえはこちらに預けたということらしい。二人目の女車掌がついてこいと手まねきをした。ゴトリと列車が動き出した。パンツだけの男の子がポットをかかえてきた。熱湯をもらってきたようだ。若い母親がお茶の用意をしている。夫らしい若い男が隣りの寝台でイビキをかいていた。

指示されたのは二つ先の車輛で、コンパートメントは一人きり。下の段の一方があいている。小声で挨拶して中に入った。淡い金髪の女性が本を読んでいた。顔をあげ、少しばかり迷惑そうに眉をひそめた。それから一升瓶ほどもある水のボトルを取り上げて口に含んだ。モスクワからだと二十時間あまり。なるほど、一升瓶が必要だ。私は足元にトランクを収め、わがペットボトルからひと口飲んだ。やっと気持ちが落ち着いた。

ケーニヒスベルクは知らなくても、哲学者カントがいた町だといえば、何かしら思い当たる気がするのではあるまいか。カントはここにいただけではない。ここに生まれ、ここで育ち、ここで教え、ここで死んだ。終生、ケーニヒスベルクの町をほとんど離れず、東プロシアからは一歩も出なかった。

イマヌエル・カントは一七二四年の生まれ。父は皮革職人だった。ふつうなら父と同じ職人になるところだが、勉強好きの少年を見込む人がいて、ギムナジウム（中・高等学校）から大学に進み、数学と哲学を学んだ。王城付属の図書館司書をしていたところ、母校のケーニヒスベルク大学に招かれ、四十六歳で教授。五十七歳のときに発表したのが主著『純粋理性批判』である。さらに『実践理性批判』『判断力批判』とつづく。知識人の目をむくような新しい哲学は、バルト海沿いの辺境の町からヨーロッパの知的世界へと送り出された。

哲学者カントが生まれてくる素地はあった。ケーニヒスベルク大学は十六世紀半ばの創立になり、北ヨーロッパにあって、もっとも由緒ある大学だった。これにくらべるとベルリン大学は新参者であって、プロシアの学生にとってケーニヒスベルクは、つねに眩しい存在だった。

同じく町がそうだった。ケーニヒスベルクはドイツ騎士団が砦をつくったのにはじまるが、十四世紀にはハンザ同盟に加わり、すでに商都として栄えていた。「ハフ」とよばれる「潟」に面していて、冬も凍らない。プレーゲル川が流れていて、船がさかのぼっていく。中之島にあたるところに聖堂が築かれ、まわりに順次、商人町、職人町、学者町がつくられていった。カントは職人町に育ち、学者町へ移った人だが、決まった日の決まった時刻に父親を訪ねてきた。職人町の人々はカントの姿を見て、日と時刻とを確認した。

十七世紀の三十年戦争で、ドイツ全土は荒廃したが、東プロシアは遠隔の地のせいで戦禍を受けなかった。十九世紀のはじめにはナポレオン軍がやってきたが、すぐに去った。辺境のおかげでここは中央の権力闘争の被害を免れた。ただ一度、十八世紀半ばの七年戦争に際してロシア軍に占領された。だが、ロシア軍総督はフォン・コルフ男爵といった。俗に「バルト・ドイツ人」とよばれる家柄で、バルト海沿いに土地をもつ郷士にあたる。総督が「わが町」の人であれば自由が保証され、その保護のもとに生産と商域がひろがった。

ヴィルヘルム一世は一八六一年、ケーニヒスベルクでプロシア王の戴冠式をした。ベルリンよりも、はるかに優雅な都市であったからだ。

町づくりにプレーゲル川の豊かな水が使われた。中之島を四方から囲んで運河にし、さらに王城の北へ引いて、王宮の庭に広大な湖をつくった。隣り合って大学があった。

ドームと川をはさんで取引所があった。聖堂には商売の神マーキュリーが寄りそい、アカデミーには庇護者の王が控えていたわけだ。劇場、オペラ座、美術学校、カフェ、ホテル、レストラン、商船、川沿いの美しい遊歩道……。ケーニヒスベルクはながらく「バルト海の真珠」といった名でたたえられた。

ドイツ・ロマン派の作家ホフマンは、小説を書くかたわら、絵を描き、作曲もした。ここの商人町で生まれて、そこで育ち、カントのいた大学で学んだ。その多芸多才を養ったものは、一つにはケーニヒスベルクのもっていた豊かな文化だったにちがいない。のちにベルリンに住みついてから、新興都市の品のなさを槍玉にあげた。ホフマンによると、酒はケーニヒスベルク王宮地下の酒場に勝るものはなく、本を求めるなら「グレフェ・ウント・ウンツァー」書店にかぎる。たしかにケーニヒスベルクのこの書店は、当時、ヨーロッパ最大の本屋として有名で、今日でいうブックセンターの機能を果たしていた。

少しうたた寝をした。気が張っているのか、すぐに目が覚める。かたわらの通路をパンツ一枚の男が歩きまわっている。長旅に退屈した子供たちが、ナントカごっこで走りまわっている。隣りのコンパートメントで、しきりに話し声がする。ちらりとのぞいたが、一家の引っ越しのような荷物がつまっていた。

太陽は中天にかかっていた。列車は国境の手前で止まったきりで、コトリとも動かない。三十分、四十分とたっていく。わびしげな駅で、駅舎にもホームにも人かげは見えないが、なぜかずっと止まっている。電柱の上部が空洞で、そこに鳥が巣をつくっていた。親鳥がエサを運んでくると、ひな鳥が騒ぎ立てる。ついで親鳥が飛び立っていく。

エサ運びを三度ばかりながめたころ、やっとゴトリと動いたが、すぐにまた止まった。こちらが正式の国境らしく、税関の制帽に制服の男が乗りこんできた。たしかに二人組が乗りこんだのだが、さっぱりやってこない。最後尾が点になるほど長い列車の数かぎりないコンパートメントを巡っていく。

またもや三十分がたったころ、静まり返った車輛に足音がした。パスポートを改め、こちらを立たせ、やにわに座席をひっぺ返した。上に置いていたメモ帖とボールペンがふっとんだ。はじめて気がついたが、座席の下が物入れになっていて、仕切ってある。

税関吏は肩をいからせ、顎をつき出し、無言のまま次に移った。向かいの女性と目が合った。肩のいからしぐあいをまねてみせると、ニコニコした。「官僚主義」にあたる言葉をドイツ語でいうと、声を立てて笑った。笑顔の美しい人だと思った。

さらにまた三十分ほどたったころ、パスポートの検査があった。こんどは三人がかり、三人ともおそろしく立派な帽子を頭にのせている。一人は女性で、切り口上の、しかし、たどたどしい英語で問いかけてきた。こちらの英語力もたよりないが、それにしても不可解な問いであって、あらためて問い返すと、やにわにロシア語になった。むろん、なおのことわからない。いつもの流儀であいてにかまわず、こちらが必要と思うことだけを、英語とドイツ語で述べた。

「目的は観光。一週間滞在。ホテルは予約ずみ……以上」

三人がパスポートを持ったまま遠ざかった。声をはばかるように、何やら話している。こんなとき、いつもそうだが、理由のない不安を覚えるものだ。三人組は五分ばかりしてもどってきた。パスポートを突き返すと、次へ移った。立派な帽子は暑くてならないのだろう、制帽をずらして汗をふいている。

こんどは向かいの女性が肩をいからすしぐさをした。私は手ぶりで仰々しい帽子の形を描いてみせた。笑顔の美しい人が、なおのこと美しい顔になった。

旧ケーニヒスベルク証券取引所、背後にアパート群

カリーニングラードはながらくロシア海軍にとって氷結しない港であり、全市が軍事基地の性格をおびていたのだろう。ペレストロイカも、なかなか西のはてまで届かない。ソ連の崩壊後、ようやく一九九一年に国境が開かれた。開くのは法令一つですむが、制度を改めるのはヒマがかかるのだ。

やっと走り出したが、ロシア領に入ってからは主だった駅に止まっていく。

「ソヴィエック——そうだ、ティルジットだ」

ロシア文字を読み解きながら、旧のドイツ名にもどしていった。スラヴスクがハインリッヒスヴァルデ、ドイツ名で「ハインリッヒの森」といったのは、遠い昔の町づくりと、そんな名前の人物と、何かかかわりがあったのだろうか。現在のポレスクは、かつてはラビアウといった。ドイツ人は低地帯の町名には、お尻に「低地」の意味のアウをよく使う。たしかに森を抜けて潟に近い。

第二次世界大戦末期、港湾都市ケーニヒスベルクをめぐってソ連軍とドイツ軍とのあいだで激しい攻防があった。一九四五年一月、ナチス大管区指導者ヴァグナーは「獅子のごとく奮い立ち、最後の銃弾を撃ちつくす」まで戦うようにと演説したが、ドイツ軍の現場指揮官は、もはやどうにもならぬことをよく知っていた。四月七日、ソ連軍は爆弾で半壊した旧王宮に突入、二日後、ドイツ軍司令官ラッシュはベルリンへ問うことなしに降伏文書に署名した。ヒトラーは猛り立ち、司令官に文書で死刑を通告。当のヒトラーが自殺したのは三週間後のことである。

一九四六年、国境が定められ、ソ連邦ロシアの飛び地ができた。翌四七年、地名がいっせいにロシア名に改められた。ソ連当局は地名の由来や、その地の来歴をいっさい顧慮せず、机上で名前をひねり出した。町や村、海や川や湖、山野ことごとくを名づけ変える。小役人たちは、さぞかし往生しただろう。そのなかで首都がもっとも簡単だった。ソ連軍地区司令官カリーニンにちなみ「カリーニンの町《グラード》」とすればよかった。

駅ごとに少しずつ人が降りていく。上半身はだかだった男が安物の背広にネクタイをつけ、何を包んだものやら、紐でくくった荷を両手にぶら下げていく。ナントカごっこをしていた子供たちはきちんと服に着換え、迎えのおじいさんと抱きあっている。引っ越しのような大荷物の一家に兄弟らしいのが駆け寄って、めいめいが一つ二つと運んでいく。

二〇〇一年、ドイツの自動車会社ＢＭＷがカリーニングラード郊外に製造工場をつくった。ついで韓国の自動車会社が進出、「バルティカ」の名で年間五万台を生産し、ロシア市場に出す。そのころからモスクワへ出稼ぎしていた人々が逆流しはじめたのではあるまいか。

三時間ちかく遅れてカリーニングラードに着いた。笑顔の美しい女性が窓から身を乗り出している。夫が迎えにきていた。彼女にホテルを問われたので、町の名そのままの「ホテル・カリーニングラード」と答えると、うれしそうに何やら言った。途中だから夫の車に乗っていくといい——言葉はわからなくても意味はわかる。

車のなかで、彼女はなおのこと美しい笑顔になった。途中の報告らしい。歌うような声が小鳥のさえずりのように聞こえた。

車を下りる前に夫の耳元で、チャーミングなレディだとささやくと、彼はとろけるような顔をした。

「ホテル・カリーニングラード」はソ連時代に政府筋が利用した建物らしくて、味けなく、いかめしい。予約チケットを差し出すと、フロント係はチラッと見ただけで予約は入っていないと言った。再度、問いただすと、しぶしぶコンピュータをたたいたが、やはり予約なし。先払いも受けていない。

部屋をたずねると満室だという。そういえば団体客らしいのがロビーにあふれている。念のためモスクワの代理店に問い合わせを申し入れて、その場を離れた。

この夜、郊外の安ホテルに泊った。若かったころのヨーロッパ旅行で愛用したタイプであって勝手を知っている。廊下の電気が消えたままで、風呂はなく、かわりにシャワーの蛇口がついているが、お湯は期待しないほうがいい。部屋の壁紙がはげて、何色ともつかぬ色をしている。

遅い夕食をとって、ひと息ついた。十一時すぎ、「ホテル・カリーニングラード」から電話があった。モスクワに問い合わせたところ、代理店のミスで、べつのホテルに予約されているとか。明朝、「ホテル・モスクワ」へ向かうべし。ガチャリと電話がきれた。

問い合わせにどうして三時間もかかったのかは不明だが、とにかく宿が決まったのはありがたい。ホッとしてベッドで思いきりのびをすると、安ホテルのベッドにおなじみのバネのきしる音がした。

ついでながら、翌日、指示された「ホテル・モスクワ」へ行くと、巨大な果物籠が届いていた。モスクワの代理店からのお詫びのしるしで、ホテル側のミスで迷惑をかけたという意味のメッセージがついていた。シャンペンも添えてあったが、前夜から栓を抜いたままで、ただの水になっている。ブドウのつぶをのせると、ぴったり合った。カントの町にいるあいだ、私はブドウの栓をもつシャンペンを窓ぎわの飾りにした。

海の道

「マルチパン」といって、アーモンドと砂糖と蜂蜜でつくるお菓子がある。形はさまざまだが、アーモンドを使う点では同じで、ふつう、イタリア語の「マルチパーネ」に由来するとされている。

ところが東プロシアでは、べつの説が信じられていた。「マルクスパン」が、そもそものはじまりだという。十六世紀のはじめ、ケーニヒスベルクの領主アルブレヒト公とデンマーク王の娘との婚姻を祝って、町のパン職人組合が新しいアーモンド・ケーキをつくった。結婚式が聖マルコ（ドイツ名マルクス）の日にあたるので「マルクスパン」と名づけられた。これが転じてマルチパンとなり、やがて全ドイツへとひろまった。

ミヒャイルさんからおそわった話である。小柄なロシア人で、このとき七十二歳、永らく船乗りだった。船会社を退いてからは、フリーの水先案内人をしていた。七つの海をへめぐったせいか七カ国語ができる。

その人の車でカリーニングラード市中を出たのが朝の九時。プレーゲル川沿いを東へ進んでバルト海をめざした。海へ出たところで一服。正確には「潟」であって、湖とも海ともつかない。水路が外海に開いており、潮のぐあいで海水が流れこむ。

ミヒャイルさんはなれた手つきで、車のトランクから折りたたみのテーブルと椅子を取り出した。少し遅めの朝食である。ふだんも、よくこんなふうにしているらしい。ミヒャイル夫人手製のマルチパンが出て、ついては講釈になったわけだ。

「興味深い説ではある」

そんなふうに切り出して、私は遠慮がちに異議を呈した。ケーニヒスベルクのパン職人は「マルクスパン」をドイツ語で「マルクスブレートヒェン」と言ったはずであろう。はたしてこれが「マルチパン」に転じたりするものかどうか。

「いかにも、そのとおり――」

物識りの元船乗りによると、同じくバルト海に面したドイツの港町リューベックに同じような言い伝えがあって、元祖マルチパンをめぐり、ケーニヒスベルクのパン職

元船員ミヒャイル氏

人組合とリューベックの組合とが争ったことがある。とどのつまり、それぞれが「ケーニヒスベルク・マルチパン」「リューベック・マルチパン」と名乗ることで結着をみた。元祖と本家を立てることで、双方の顔を立てた。

そういえば私が所持している『絵入りケーニヒスベルク案内』（一九一一年）の巻末が広告頁になっていて、そこに「菓子商クルト・ゲールハールの店」が出ている。カント通り十一番地にあって、「世界的に有名なケーニヒスベルク・マルチパンを豊富に品揃えし、注文により発送する」とのこと。ガイドブックを飾っているところをみると、元祖組のうちでも有名店であったらしい。

ミヒャイルさんによれば、アーモンドは元来アラビアの産であって、それがヨーロッパへ伝わるなかで、イタリアではマルチパーネを生み、またいち早くケーニヒスベルクやリューベックへ入ってきたのだろう。ともにハンザ都市として船で栄えたのであれば、当然、伝来するのも早かった。

一説によると、十字軍から帰還した兵士が伝えたともいうが、そうなるとケーニヒスベルクに軍配が上がる。ドイツ騎士団が開いた町であって、プレーゲル川を濠として砦をつくったのが十三世紀のこと。婚姻の祝い以前に、すでにアーモンド菓子があったのではあるまいか。それにアーモンドは「五臓の薬」とされていたので、はじめはパン職人ではなく、薬剤師が丸薬に使っていた。それをパン職人が祝婚のケーキにつくり直したのかも知れない……。

こちらにはなんとも判断がつきかねるので、ただ感心しながら聞いていた。ガラスのように澄んだ空から、やわらかな光が降ってくる。空の色がそのまま水面に映って、二つの鏡を合わせたぐあいだ。境い目に細い砂洲がのびていて、背の低い木が整列したように繋っている。そのかたわらを胴の太い貨物船がゆっくりとやってきた。外海へと向かっており、近づくにつれ、ずんずん大きくなった。コンテナが山のように積み上げてある。ミヒャイルさんはチラリと見て、「八千トン」と言った。

ケーニヒスベルクがハンザ同盟に加わり、東プロシアの首都として栄えたのは、氷結しない河港をもっていたからである。そのことはガイドブックで知っていた。しかし、河港が広大な潟に面し、それが外海につながっていることは、現場にくるまで呑みこめていなかった。それにしても「フリッシュ潟」と呼ばれる広大な湖水は、水深がほとんどないのだ。おりしも干潮のころ合いで、浜手に干潟がひろがっている。こんなに浅いところを、どうして八千トンクラスが入ってこられるのか？

いい質問だというふうにミヒャイルさんはうなずいた。そして、やおら魔法瓶から珈琲をついでくれた。なんともひどいしろものであって、色、味ともに泥のようというか、あるいは泥そのものというか。ロシアの飛び地カリーニングラードの日常品の品質を如実に示しており、私は目を白黒させて一杯目を飲みほしたばかりだった。あわてて手を振って辞退したが、時すでに遅し、大カップになみなみとつがれていた。

目の先にのびている砂洲は人工のもの、これに沿って水中につくられた「海の道」があるという。水深十メートル、二万トンクラスでも運航可能。十八世紀に部分的に、十九世紀の後半になって大々的につくられたもので、干潟を深々と掘って石を敷きつめた。河港より外海まで、えんえん数十キロに及んでいる。ケーニヒスベルク市の財政と、町の豪商たちの懐ぐあいとがなしとげた大工事だった。

なるほど、地図には「海の運河」として破線で示されている。外側に人工の砂洲が寄りそっていて防波堤の役まわり。列をつくったような背の低い樹木は、風と視界を考慮して植えられたもの。

またもやコンテナ船がやってきた。逆方向からで、こちらは河港に向かう。先ほどの船よりひとまわり大きい感じで、一万トンをこえるのではあるまいか。同じ一本の

「海の道」であるのに、はたして衝突しないのか？

ミヒャイルさんが、腕をのばし、一点を指さした。水中から白い標識が突き出ている。前面が赤と青に色分けされていて、つねに一方通行が守られている。また随所に待避と通過のポイントがある。すべてにわたり、水先案内人が指示を出す。バルト海では水先案内人が船長よりも偉いのだ。そう言うなり、元水先案内人ミヒャイル氏は得意そうに胸を張り、泥のような珈琲をゴクリと飲んだ。

ドイツの港湾都市と同じシステムである。ハンブルクもブレーメンもリューベックも、古くから船によって栄えたが、町自体は内陸部にあり、川が港と結んでいる。それは川であるとともに運河であって、何百年来、維持されてきた「海の道」だった。リューベックの豪商の五代にわたる歴史を述べたトーマス・マンの長篇『ブッデンブローク家の人々』にくわしく語られているが、町の有力者たちは市参事会に働きかけて、たえず「海の道」の補修と改良につとめてきた。商域を保持する命綱であったからだ。

トーマス・マン自身、豪商の末裔にあたる。運悪くマン商会が左前になったころに生まれ合わせ、旧家が破産のうき目をみたのち、学校を中退して故里リューベックを立ちのいた。最初の長篇小説で、わが家を素材に海の商人一家の興亡を語った際、伯父の一人は「亡」の理由の一つとされ、ひどく傷ついたのだろう。作家としてデビューしたこの甥を、名誉毀損で訴えた。

数十キロに及ぶ「海の道」が実現したのは、それだけケーニヒスベルクがドイツにとって重要な都市であったからだ。プロシアは北辺の新興国であって、南にはザクセン、さらに南にバイエルンの両大国が控えている。これと対抗するためには、ドイツ唯一の海であるバルト海をおさえ、東へひろがるのが早道だ。十三世紀以来、ドイツ人が入植をつづけてきた東プロシアは、ロシアと境界を接し、スウェーデン、ノルウェーは目と鼻のところにある。首都ケーニヒスベルクは北方貿易の要《かなめ》の点というものだった。

一九一一年版『ケーニヒスベルク案内』はベルリンの古書店で見つけたものだが、そこに「世界一の腸詰め」が紹介されていた。ケーニヒスベルクの肉屋組合主催の行事で、年に一度、町の親方と徒弟たちが力をあわせ、長大な腸詰めをつくった。一五二〇年にはじまり、最初の年は二七メートルだった。年ごとに長くなり、一六〇一年には新世紀を祝って、とびきり念入りにつくられ、全長六七五メートル、重さ八八五

「海の道」の貨物船

ポンド。百三人の親方や徒弟たちが担いで町の通りを練り歩いたという。

そのことを話すと、ミヒャイルさんは「オー・ラ・ラ」といった声をあげ、指先でうれしそうにテーブルをたたいた。いつだったか、テレビで見たことがあるというのだ。イギリス人の肉屋が九三七メートルとかのソーセージをつくった。世界一の長さである。ついてはかつて当地にも、そんな奇妙な記録較べの風習があったことが触れられた。ソヴィエト時代には考えられないことで、旧ケーニヒスベルクの遺産は何であれ御法度だった。それがこのごろはテレビにも大手を振って登場してくる。

それはともかく、マルチパン元祖のパン職人組合といい、世界一の腸詰めの肉屋組合といい、北の商都の賑わいぶりがうかがえるのではあるまいか。そのころケーニヒスベルクは三つの町から成り立っていて、大聖堂のまわりがハンザ商人たちの商人町、市庁舎を囲む旧町が職人町、河口近くが船乗り町だった。古地図では町が色分けされ、それぞれのぐるりに青い水路が走っている。プレーゲル川に運河をつくり、海からつづく「水の道」とした。早くから水利技術の発達していたことがみてとれる。「海の道」にも無数の枝道が分かれていて、途中の小さな港を結んでいる。背後にきまって赤レンガ造りの建物が並んでいた。缶詰工場や燻製工場で、ドイツ時代の施設がそのまま使われている。そんな一つだが、赤黒い煙突と対角のところに、巨大な円筒状の建物がそびえていた。上が煙突のように細くはならず、ずん胴のままで、帽子のつばのような張り出しがあり、そこに草が繁っていた。まわりを錆びついた鉄条網が取り巻いている。

ナチス時代につくられた防空塔だそうだ。工場の一部のようにカモフラージュしてあるが、内側は厚さ数メートルのコンクリートで固められ、上の張り出しは対空砲用。あまりに頑丈につくられており、取り壊すのに多大の費用と手間がかかるので、無用の長物として半世紀あまり、放置されたままになっている。

澄みきった青空と、鏡のような水面と、のどかな陽ざし、そのかたわらに奇怪な赤黒い大円柱。白昼夢さながらの風景だった。

外海に出る手前に岬が一つコブのように突き出ていて、「海の道」がここで大きくふくらんでいる。内海の中心都市で、ドイツ名をツィマーブーデといった。隣り町がパイゼ。中世このかた船員と造船の町だった。

――などと知ったかぶりして書いているが、すべてミヒャイル氏直伝の知識である。『ケーニヒスベルク案内』は、こんな生活者の町にはひとことも触れていない。現在は通りも標識もロシア文字で、即席の勉強では町の同定すらお手上げなのだ。ミヒャイル氏が車のトランクをあけて、旧ケーニヒスベルク地図をひろげてくれた。さんざん使い古したしろもので、折り目がボロボロになっている。以前は大っぴらにひろげるのをはばかったので、いつしかトランクに入れたままのぞいてみる癖がついたと、当人が笑いながら打ち明けた。

古い町の歴史好き。このタイプは永らくカリーニングラードでは「カントの倅《せがれ》」などと、からかわれてきたそうだ。何かというとカントのころの話をして、ありし日の美しかった町のたたずまいを言いたてる。由緒をもった町名や通りの名を懐かしむ。一九七四年、カント博物館が誕生したが、その音頭取りをしたオルガ・クルピナ女史は、つねづね「カント未亡人」と呼ばれていた――。

車はゆっくりと海岸町を走っていく。広場の建物が一九二〇年代にヨーロッパで流行したアール・デコ様式で統一されているのは、そのころに新しく町づくりがされたせいだろう。ロシアの飛び地の一角に近代建築のサンプルが、そのままそっくり残っている。直線と円で構成したスタイルが風化して、夢の建物のように美しい。

中央の柵の中にコンクリートの台座が据えられ、胸に手をそえた、おなじみのレー

ナチス時代の見張り塔

ニン像が立っていた。放置されたままのようで、フロックの裾に穴があいている。鳥の糞をあびて、額からひげにかけて無数の白い斑点がとび散っていた。

「海の道」は岬から西に直進して、外海とのあいだの砂洲へのびている。こちらは天然の砂洲であって、バルト海から吹きつける強風と荒波がつくったものだ。一方で陸地を削りとり、砂と石を運んで、べつのところで土地をつくる。二匹のカマキリが首を突き出したような形をしていて、水路をはさみ北側の先っぽは三角状にひろがっている。このような形のところをドイツ人は「ザントハーゲン（砂の鉤《かぎ》）」といった呼び方をするが、ピラウの町はまさにその鉤の上にある。古くは漁師町として文書に出てくる。近世に入り、天然の防壁にあてられ、まずはドイツ帝国海軍、ついでナチス・ドイツ軍の最重要拠点、第二次大戦後はソ連海軍基地。名こそ変われ、地図にはいつも立入り禁止のマークがついていた。

「どうしますか？」

「どうしますかね」

カマキリの首の喉のあたりで車をとめて、顔を寄せ合って相談した。道端に大きな掲示板があって、無断通行を禁じている。許された者以外は当局に申請して特別の許可を取るべし。

看板がかなり古びているのは、かつての禁令がなし崩しになっているからだ。特別許可を申請すると、何日、いや、何週間かかるかわからない。無断で入り、ことなしで終わった人もいれば、とっつかまって、法外な罰金を支払わされた人もいる。どうなるかは、そのときの運しだい。ロシア人はまあいいとして、外国人の無断侵入は、さてどんな処置にあうものやら。

だんだん腰が引けてきた。軍事機密には縁もゆかりもない人間だが、縁もゆかりもない人間が、なぜわざわざ軍事基地に立ち入るのかと問われたら、申し開きができない。地の果てのような「鉤」の地であって、それと知らず、うっかり入ってしまったなどと弁明するわけにいかないのだ。確信犯以外に用はない。

「やめましょう」

ミヒャイルさんの顔がパッと明るくなった。断念をすすめたかったのだが、言いそびれていたらしい。〝進むよりも退くのに勇気がいる〟、自分に言いきかせるようにして私が格言をつけ加えると、声を立てて笑った。大いそぎでUターンし走り出した。なぜか一目散に逃げ出す気分である。振り返ると、白っぽくかすんだ水面のかなたに、黒いクレーンが何本か、「く」の字のかたちに突き出ていた。

一九四五年一月、このカマキリの首すじ一帯は人で埋まっていたはずである。車、馬車、荷車、徒歩の人。ケーニヒスベルク市中からはじまって、冬の海辺にえんえんとつづいていた。

ドイツ軍がスターリングラード戦に敗れたのは一九四三年二月である。すでに制空権を失い、すべての戦線が縮小に向かっていた。赤軍がじりじりと近づいてくる。一九四四年十月、ソ連軍戦車が東プロシアの東の国境を越えた。最初の村をネマースドルフといった。ソ連軍第二連隊によるネマースドルフ村進攻の数日後、ドイツ第四部隊が同地区を奪回した。つづいて占領のあとを検証し、フィルムに撮影、ドイツ国内のすべての映画館でニュース映画として公開した。どれほどのドイツ女性がソ連兵に強姦されたか。強姦のあと殴殺され、納屋の戸口に吊るされた。

ソ連軍T34戦車隊は避難民に追いつくと、そのままキャタピラで轢き殺した。射殺された子供の死骸が道端や溝にころがっていた。

「ネマースドルフ」が恐怖の代名詞になり、新聞報道、ラジオ放送、ニュース映画が、東プロシア一帯に避難する人々の大きな流れをひき起こした。一九四五年一月半ば、ソ連軍の大攻勢のはじまりとともに、それがパニック状態になった。人々は当然のことながら陸路よりも海路での脱出を望んだ。数かぎりない人々が、内陸部から海辺へと押し寄せた。

海軍基地ピラウは、東のメーメル、西のダンツィヒと並び、わずかに残された脱出口の一つだった。戦艦、輸送船、商船ことごとくが避難民の移送にあてられた。ケーニヒスベルク市中より、また内陸部から、続々と人々が逃げてくる。漁船、また缶詰や燻製運搬用の貨物船までも動員された。この前後にピラウ港だけで三十万にのぼる人々が脱出した。

一九四五年一月三十日早朝、甲板にまで鈴なりの人々を乗せて、ピラウ港から最後の船が出た。オンボロの蒸気船で、久しく造船所の片隅につながれていたものだ。ヨタヨタとしながら、ともかくも冬のバルト海を航行、昼ちかくにダンツィヒ湾にたどり着いた。ちょうどグストロフ号がタグボートに曳航されて桟橋を離れたところだった。ピラウから脱出してきた人々の希望により、グストロフ号は一時停止、タラップが下ろされた。

乗り移った人々は、さぞかし安堵しただろう。オンボロの蒸気船とちがって、グストロフ号は二万五千トン、ナチス・ドイツの誇る豪華客船の一つだった。永らく港に係留されたままだった客船が避難民移送に投入された。

汚れ、疲れはて、ようやく一息ついた人々が、泥のように眠りこけたころ、夜九時十六分、グストロフ号はソ連軍潜水艦の魚雷をくらい、バルト海沖で沈没した。先に触れたとおり、公式発表の死者は六千余名だが、実数は九千をこえると思われ、現在にいたるまで確定しない。ピラウの蒸気船から乗り移った人々は、五百とも六百とも、さらにはもっと多数ともいわれ、こちらも正確な数は誰にもわからない。

カントの墓

西から順にいうと、リューベック、ダンツィヒ、ケーニヒスベルク。いずれもバルト海沿いのドイツの都市だった。ハンザ同盟に加わり、商都として栄えた。中世から近世にかけてのこと。

「ハンザ」はゴート語で「軍団」といった意味である。戦いのときに盟約を誓った戦士たちの集団をいった。それが商人の世界に転用された。

はじめは小規模なものだった。フランドルの商人グループ、ベルギーの商人仲間、ドイツのバルト海沿いの都市の集まり。たがいに情報を交換し、資金を融通したり、権力者に抗議したりした。なにしろ法律がまだ確立していなかったころであって、国王や貴族たちは我ままだ。勝手に関税をもうけたり、代金を払わなかったりする。平然と約束をホゴにする。商人ひとりではどうにもならないが、集団であたると、国王といえども知らんぷりはできない。ときには取引をボイコットされて、自分から折れて出る。

ハンザ同盟が強力なまとまりをもったのは、リューベックを盟主としてドイツ・ハンザが生まれて以降である。北海、バルト海を中心に、川や街道を通して内陸部も取りこみ、大きな交易のネットワークをつくりあげた。最盛期には百六十もの都市が加わっていた。ベルギーの古都ブリュージュや、北海沿いのノルウェーの町ベルゲンなどもその一つで、現在は「世界遺産」となっている多くが、この時代に目をみはるような町づくりをした。

リューベックは「ハンザ都市の女王」だった。ベルゲンは「北海の華」とうたわれた。ケーニヒスベルクは「バルト海の真珠」といわれた。

旧ハンザ都市にはきまって市庁舎と並び船員クラブや商人会館があるものだ。とびきり優雅なつくりで、商売繁昌のあとをしのばせる。由緒深い商館や銀行が軒をつらね、教会には航海安全を祈願した船のミニチュアが奉納してある。

ベルリンで手に入れた『ケーニヒスベルク案内』には、巻末に色刷の地図がついていた。初版は一九一一年、それを八十年後に復刊した。復刊にあたり、地図の上に地図をつけた。ドイツの都市ケーニヒスベルクがロシアの州都カリーニングラードとなったように、町並みが大きく変化したからだ。隅に小さく赤字の注がついている。「赤線の通りは現在は存在しない」

その赤線をたどっていくと、かつてのケーニヒスベルクが浮かび上がる。川を取りこんで町づくりをした。大聖堂の前方が商人町で、整然と碁盤目の通りが走っていた。運河をはさみ王宮と王宮庭園、隣り合って広大な人工の湖がひろがっていた。湖のかたわらに大学、図書館、オペラ座、美術館、郵便局、植物園、いくつもの教会……。一九一一年の『ケーニヒスベルク案内』は、大聖堂前の広場から北への眺望をすすめている。小さな森をはさみ、雄大な王宮の建物。八角の屋根をもつ塔を「ミナレット」とよばれる四つの尖塔が取り巻き、王宮で祝事のある日や祝日には、そこに色のちがう旗が掲げられる。右手には壮麗な王宮教会と美術館と、鏡のような湖水がのぞめるというのだ。

もはや何一つない。わびしげな木立ちの向こうは殺風景な原っぱと、ひっきりなしに車の通る道路と、えんえんとつづくアパート群があるだけ。王宮も王宮教会も美術館も鏡のような湖水も、いっさいが消え失せた。

ただ一つ、だだっ広い原っぱのまん中に異様なものがある。巨大なコンクリートのかたまり。ビルを建てるつもりが、コンクリートを打っただけで中止になった。小さな無数の窓が、こちらを監視する目のように並んでいる。

戦後ながらく王宮の建物が半壊のまま残されていた。一九六九年、州都の視察にきたソ連共産党書記長ブレジネフの命令で、ダイナマイトによって爆破された。跡地に十七階建ての市営ショッピングセンターができるはずだったが、予算がつきて計画は沙汰やみ。以来、巨竜の骨格のようなコンクリートのかたまりが風雨にさらされている。

旧ケーニヒスベルクはハンザ都市として、河港から大聖堂へとつづく商人町が中心だった。商人会館、取引所、誇らかな紋章をいただく豪商の館。そこにはなぜか、「酒盛りの唄地区」といった意味の景気のいい地名がついていた。

王宮を中心とした辺りは貴族と廷臣、またその使用人たちの町だった。すぐ北の大学や図書館のある地区は、教師と学生の町であり、さらに外まわりに職人の仕事場や小商いの者たちの住居、また兵営があった。内海を見はるかす郊外には貴族や豪商たちの別荘や修道院が点在していた。

哲学者イマヌエル・カントの父親は馬の鞍をつくる職人だった。船具の一つである革のトランクなどもつくった。職人の子はふつう父の職を継ぐものだが、勉強好きの少年に目をかける人がいて、高校、大学とすすみ、はじめ宮廷図書館に勤めた。四十代で母校ケーニヒスベルク大学に招かれ、哲学部の教授になった。鞍づくりの職人の息子はケーニヒスベルクの職人町で生まれ、のちに大学町に移ったわけだ。大商人のなかにこの哲学者を支援する人がいて、郊外の別荘地に休暇用の小さな家をもっていた。

ロマン派の作家ホフマンは、父親が王宮勤めの小官吏だったので宮廷町の片隅に生まれ、のちにケーニヒスベルク大学法学部で学んだ。彼の小説には、しばしば変わり者の宮中顧問官が出てくるが、幼いころに親しく町内で見かけた人物をモデルにしたのかもしれない。

「これまでさまざまな変人奇人と出くわしたが、このクレスペル顧問官ほど風変わりな人物もまたといなかった」（「クレスペル顧問官」）

この宮中顧問官は郊外の景勝地に庭つきの土地をもっていた。ある日、左官や職人を集め、きっかり正方形の溝の上に土台を据え、そこに自分がよしと言うまで、壁をどんどん積み上げるようにと命じた。図面など一切なし。

「窓なし、ドアなし、間仕切《まじき》りの壁もなしで？」

親方が問い直すと、顧問官は落ち着き払って答えたという。

「お願いしたとおりたのみますよ」

やがて見物人がわんさと居並ぶなかで、奇妙な工事が進行した——。

東プロシアの宮廷には、プロシア王家の二男や三男が身内を引きつれてやってくる。よそ者が出世して、生え抜きは無視される。うだつがあがらない。才あっても、いつまでもしがない顧問官。いつしか変人奇人とよばれるタイプになった——。

ホフマン自身、大学を出て裁判官になったが、東プロシアのシミのような小都市に赴任を命じられ、「判事にあるまじき奇行」をやらかしてクビになった。

運河は八メートルの水深をもち、船が上がってくる。河港から町へ入る橋詰めに取引所があった。洒落た水色の壁が水都の入口を示していた。船着場には船員クラブや船会社の事務所、倉庫がつらなっていた。

「ケーニヒスベルク＝メーメル間、新蒸気船就航！」

一九一一年のガイドブックに船旅の案内が出ていた。メーメルは現在はクライペダといってリトアニアの港町だが、かつては東プロシア最北の町だった。新しく「クランツ号」が投入され、これまでの「メーメル号」とともに一日八往復、所要時間、約三時間。一等、二等、三等とあって、等級にかかわらず一人二十五キロまで荷物は無料。

最大の日刊紙を「ケーニヒスベルク日報」といい、編集局は庭園通りにあった。「本国のケーニヒスベルク人に郵送可」とあるから、東プロシアを離れてからも郷里の新聞を購読する人がいたのだろう。

王宮地下の酒場「ブルーツゲリヒト（流血裁判）」はひろく知られていた。へんな名前は、中世のころ裁判所と拷問部屋が置かれていたのに由来する。その後、酒樽の貯蔵庫になり、一七三八年、酒場が開業した。アーチ式の天井、重厚なテーブルと椅子、かつての拷問具が飾りになっていて、オツな気分をかもし出していたという。人一倍酒好きだったホフマンは、ケーニヒスベルクを去ってベルリンに住みついてからも、何かあると「流血裁判」の酒を懐かしがった。

一九四四年八月二日、英米軍の飛行機が大編隊を組んで襲来、新型爆弾を含めて途方もない量の爆弾を投下。旧市街の九十八パーセントが炎上した。七百年の歴史をもつ「バルト海の真珠」が一夜にして瓦礫の山になった。つづいてソ連軍による三万からの包囲。旧都ケーニヒスベルクの戦禍がいかに苛酷なものであったか、一つの数字が示している。一八九六年開設のケーニヒスベルク動物園は、ベルリン以北最大の動物園で二一〇〇種の動物を擁していた。一九四五年四月、ドイツ敗戦の日を生きのびたのは、ワニの「ハンス」ほか四匹のみだった。

カリーニングラードを縦につらぬいて、Y字型の太い道路が走っている。Yの字の軸をよぎるぐあいに、もう一つ幹線があって、それぞれが南北の二つの駅や河港や郊外の工場地区を結ぶ役まわりのようだ。

味けない「古都」歩きである。通りがいやに埃っぽいのは街路樹が乏しく、排気ガスが立ちこめているせいらしい。道路の両側に、衝立状にコンクリートの建物がつづいていて、見通しがきかない。ただ前へ前へとすすむしかない。

一階が商店や事務所で、二階から上が共同住宅になっている。比較的早い時期、五〇年代か六〇年代あたりにできたのではあるまいか。みるからに安普請で、コンクリートが黒ずみ、壁面に大きなひびが入っている。ベランダの手すりが壊れ、支柱が垂れ下がり、なかにはベランダ全体が脱落したところもある。

橋のたもとに一つだけ、すっきりした建物があった。旧取引所である。旧商人町の入口にあって、四層づくり。一階が川にせり出すかたちで、二階、三階と、ゆるやかなピラミッド風になっている。小粋なアーチがつらなり、白い支柱と、水色の壁があざやかな調和をつくっている。ながらくケーニヒスベルク商人たちの誇りだった。ここに出入りできてはじめて一丁前というものである。

建物は元のままだが、まわりが一変した。西に幹線道路の大きな橋がせり上がり、建物全体が橋ぎわに身をひそめたように見える。現在は文化会館に使われていて、屋上にバカでかいロシア文字と、星じるしをデザイン化した、一階分もある紋章がそびえている。背後には土色をしたアパートの列。川に沿ってえんえんとつらなり、目のとどくかぎり、土色のコンクリートがつづいている。

新しい道路が旧商人町を突っきるかたちでのびている。豪商たちの館、商人会館、東の運河をへだててシナゴーグ（ユダヤ教会堂）と墓地などがあったはずだが、もはや何一つない。痕跡も、片鱗も、けはいも、よすがも、手がかりも——要するに過去をしのばせるものは石一つとてない。いっさいが取り払われた。

建物は炎上のあと瓦礫になったにせよ、碁盤目の道は残ったはずだが、市街そのものが、あとかたもなく消し去られた。旧の地図では碁盤目だが、新しい地図では、中央の道路から斜めに放射する直線がのびている。いわば旧来の碁盤目を無数の×で消滅させたぐあいなのだ。どうしてわざわざ、こんな奇妙な町づくりをしたのだろう？ケーニヒスベルクに劣らず、リューベックもダンツィヒも激しい空襲を受け、市中の九割がたが炎上した。ダンツィヒには軍港が置かれていたので、さらにひどい戦禍をこうむった。まさしく全市が焦土と化した。

現在、リューベックも旧ダンツィヒ＝グダニスクも、ともに美しい旧都である。かつての繁栄そのままに、優雅な飾り窓や装飾壁をもつ豪商の館、商館、銀行が軒をつらねている。よく見ると旧市庁舎が博物館になり、かつての船員会館が観光案内所になっている。白い石積みの倉庫がギャラリーになり、芸術家の卵が奇抜な作品を並べている。

西ドイツ、またポーランド政府は戦後の復興にあたり、「復元」を原則とした。元どおりの町にする。歴史がつくったのと同じ町並みにもどす。幸いにも石の文化は壁面の飾り一つまで詳細な設計図を残しており、また古くから修復の技術をやしなってきた。その結果、「ハンザ都市の女王」や世に知られたダンツィヒ大通りがよみがえった。

ソ連当局は、まるきり逆の政策をとった。すべてを更地にして、計画経済にもとづき、新しい町並みをつくる。そこから生じたのが、おなじみの画一的な建物群である。市庁舎、文化会館、警察、郵便局……広大な全土にわたり、同じ仕様のものがつくられていった。西はご当地カリーニングラードから東はウラジオストックまで、地球を半周して同じタイプのアパート群が誕生した。

復元を捨て、建物は新しくつくるにしても、カリーニングラードでは、どうして通りまでも消滅させたのだろう？　七百年の歴史をもつ古い通りであって、整然と区切られており、瓦礫を取り除いたとき、願ってもない更地になったのではなかろうか。ただその上に建物をつくればよかったはずである。どうしてそれをわざわざ、×印をつけるようにして、斜めの通りにしてしまったのか？

戦後、西ドイツでは一九五〇年代末から「失地回復」運動がはじまった。東プロシアやシレジアに残してきた土地や建物への権利を回復する。四十万を数えたケーニヒスベルク市民は、その大半がドイツ人だった。赤軍の接近に追われ、身一つで避難した。敗戦当時、八万人あまりが残っていたが、その全員が一九四五年から四六年にかけて、追放、あるいは退去を命じられた。

とりわけ商人町は代々にわたり富が蓄積されてきたところだった。新しい町並みにあっては、商人町とその東のユダヤ人地区に×印の通りが集中している。土地のすべてを改造し、個人的な記憶にわたるものいっさいを消滅させたかのようだ。いまや私有権を申し立てようにも、先祖代々のわが家が現状のどこにあたるのか、しるしは何一つとしてないのである。

王宮と大聖堂が半壊のまま鉄板で囲まれて残されていたのは、町の歴史的シンボルまでも消滅させることに躊躇したせいではあるまいか。視察にきたブレジネフ書記長のひと声で旧王宮は吹きとんだ。共産党の大ボスも、さすがに大聖堂の爆破までは言わなかった。

ながらく残骸をさらしていた。ソ連における「ペレストロイカ」のはじまりとともに修復の声がもち上がった。市当局は渋ったが、ドイツからの――つまりは旧ケーニヒスベルク市民からの――寄金によって工事がはじまった。二〇〇一年、塔を含む建物の半分が復元され、八角屋根の下に有名な時計が取りつけられた。時刻盤の2の数字が、Zに似ていて独特で、数字の字体が特有の格調をおび、気のせいか、カントの

手前が修復された大聖堂。奥に建設途中で放棄されたショッピングセンター

哲学書の文字さながらに見える。

事実、カントと縁が深い。大聖堂祭壇側、北の一角にカントの墓がある。石の棺が据えられ、まわりを石柱が取り巻いている。

死後、カントは大聖堂内の「教授たちの会堂」に葬られた。のちにギリシアの神殿風の廟がつくられ、移された。戦時のケーニヒスベルクにあって、不思議な一件である。雨あられの爆撃を受け、市中が壊滅し、大聖堂も塔と大屋根がふきとんだ。そのなかで、そのすぐわきのカント廟だけが無傷だった。石棺も列柱も、かすり傷一つとどめていなかった。

石柱は聖堂のレンガと同じく、淡い桃色をしている。フランス人なら「ローズ・パール」と言うのではあるまいか。真珠色のピンク。そんな石柱のあいだには抽象模様をもった鉄の柵。正面の石棺の上に名前と生没年。その字体が、こころなしか時刻盤の数字と似ている。ギリシア神殿を模したところが教養好きのドイツ人らしいのだ。

ひとけのない聖堂裏に、十代の小娘が二人、スズメのようにせわしなくおしゃべりしながらやってきた。なれた手つきで正面の鉄柵を開き、かわるがわる写真のとりっこをしている。一人がしきりに指図して、もう一人がジャンパーをはおったり、脱いだりしていた。ロシア語の早口で、わかりっこないのだが、そばに突っ立って聞いていた。金髪の小娘はローズ・パールの列柱が気に入ったようだった。写真映りがいい。モデル役が石棺に腰かけてポーズをとっている。

運河をへだててだだっぴろい広場がつづいている。ロシア海軍の記念物らしいが、実物の船をモニュメントのように台にのせ、前に巨大な石づくりの花環が見えた。わが『ケーニヒスベルク案内』推奨の「王宮庭園と湖に至る」はずのところなのだ。しかしながら旧の通りがいっさい消し去られ、一面のアスファルトの広場になっている。用途はともかくとして、ただアスファルトで固めたぐあいだ。何一つさえぎるもののない広場を歩いていると、どこかから誰かに見張られている気がするものだ。やにわに上空から異物が落下して、一打ちでこの身が消失する。そんな不安がきざしてくる。

王宮教会につづく通りをクライスラー通りといった。ヴァイオリンの天才クライスラーは、何度か東プロシアを訪れ、ケーニヒスベルク・オペラ座で妙技を披露した。それにちなんだ命名だったのかもしれない。

オペラ座や、レースの飾りをつけた、星のような目をした娘たちは、百年ちかく前の案内記にあるだけ。目の前にあるのは、どこまでもつづくアパート群である。全体がくたびれ、身を切るようなわびしさが直立して列をつくっている。

湖は残っていた。湖岸がコンクリートで固めてある。運河との水路を絶たれたのか、水は汚れ、足元にミカンの皮やポップコーンの袋が浮いている。湖畔に安手のレストランがあって、プラスチックのテーブルと椅子が並んでいた。

流行歌が大ヴォリュームで流れてくる。しばらくそこに佇んでいた。何やら懐かしく、安らいだ気がしたのは、わが祖国ニッポンの風景と、さも似ていたせいらしい。

琥珀の木箱

コハクは「琥珀」と書く。どうしてこんな難しい字をあてたのか。たぶん世にも珍しい石と考えられたせいだろう。

たしかに世にも珍しい。石なのに軽くて水に浮く。透明であったり、蜂蜜のような黄色をしていたり、青味がかっていたり、赤っぽい茶色をおびていたりする。なかでも珍しいのは「包裹物《ほうかぶつ》」と分類されるもので、虫や、かたつむりの殻や、花びらを閉じこめている。

海でとれるが、もとは山の産である。松脂《まつやに》が化石になった。何千万年か前、北ヨーロッパ一帯は深い松林に覆われていた。松は朽ちるが、松脂は残る。地面に層をなして化石化した。地殻の変動で海底に沈み、化石が波に洗われて送られてくる。

琥珀が「バルト海の黄金」とよばれるのは、世界中の十分の九を産出しているからである。海流のせいだろうが、旧東プロシア、とりわけケーニヒスベルク近傍の海岸で採取される。歴代のプロシアの王たちが、東方の遠隔の地に執心したのは、少なからずこの「黄金」のせいだった。

とりわけ初代のプロシア王フリードリヒ一世が熱心だった。選帝侯に任じられたとき、戴冠を他人にゆだねず、自分で自分の頭にいただかせたような人物である。また晴れの舞台は由緒あるドイツ騎士団ゆかりの地でなくてはならず、ついては一七〇一年、ケーニヒスベルクの王宮に四千人の賓客を招き、大々的に自作自演の戴冠式をとり行った。

琥珀の町に滞在中に「琥珀の間」を思いついたらしい。夏の離宮に「バルト海の黄金」ずくめの部屋をつくる。多くの琥珀職人を傭い入れ、設計図をつくらせた。その当時、「青い床」とよばれる琥珀の地層は、まだ見つかっていなかった。あくまでも波の贈り物であって、海岸ですくいとる。偶然をたのみ、何百回となく網を投げる。

古代ギリシア人は「ヘリアデスの涙」と名づけていた。ヘリアデスは太陽神ヘリオスの気まぐれな娘たち、そのむら気の罰でゼウスによってポプラの木に変えられた。変身を悲しんで流した涙が琥珀になった。それほど気まぐれにあらわれる珍奇な石。

中世の琥珀職人

せいぜい数センチ大である。高価な装身具やお守りに使われていた。磁力をもっといわれ、霊験あらたかな薬として、とびきりの値段で取引きされた。

そんな小石を数かぎりなく集めて部屋を埋める。王はもっとも確かな買い手であって、琥珀商人が色めき立った。みるまに数百、数千と集まってきた。王は宮廷画家に命じて新しい工夫をさせた。数百の小粒をあしらって板絵に仕立てる。琥珀の板絵を何百となく用意して、いずれそれを部屋の壁にはめこんでいく。

計画はフリードリヒ一世の死とともに頓挫した。一七一三年、フリードリヒ＝ヴィルヘルム一世が即位した。のちに「軍人国王」とよばれた人で、礼服よりも軍服を愛し、王宮よりも兵舎が好きだった。そんな国王にとっては、たかだか壁の飾りのために国庫を傾けるなど、もってのほかである。先王の蒐集品は木箱につめてベルリンへ運ばせ、武器庫にしまいこませた。文字どおりお蔵《くら》入りをさせたわけだ。

その琥珀が再び現れるのは三年後のこと、ロシアのピョートル（ペテル）一世がプロシアを訪れてからである。スウェーデンの脅威に対して、ロシアとプロシアの連帯を話し合うため、ベルリンへやってきた。こちらはのちに「大帝」とよばれた剛胆な人物だった。かねがね新都の建造にとりかかっており、それはモスクワのような内陸ではなく、ヨーロッパの窓というべきバルト海沿いにつくられていた。当然のことながら新しい王宮は、とびきり華やかに飾られていなくてはならない。「琥珀の間」の計画が場所を移してよみがえった。

このとき成立した交換条件は世界史に二つとないだろう。プロシアは木箱詰めの琥珀を引き渡す。代わりにロシアは「兵士の逸品」を贈与する。より抜きのロシア兵五十五人、いずれも「身長六フース（一・八八メートル）以上」のこと。軍人国王には琥珀よりも、雲つくばかりの大男の一団のほうが、ずっと輝いて見えたのだろう。「長脚隊」と名づけ、特製の華麗な軍服を着せて寵愛した。

ピョートル大帝の新宮はバルト海に注ぎこむネヴァ河の三角洲に造営がつづいており、一七一七年、一応の完成をみた。これを待っていたようにベルリンから十八の木箱が送り出された。六頭引きの馬車八台を要した。東プロシアのメーメル、ラトヴィアのリガを経由し、五カ月がかりでペテルスブルク着。

だが、ピョートル大帝は念願の琥珀の間を見ずに終わった。大帝といえども、いかんともしがたいのだ。琥珀の板絵はこちらの新宮に合わせてつくられたわけではない。はめこもうとすると、いたるところに隙間ができる。それを埋めるためには、あらたに膨大な「黄金」を集めなくてはならない。やむなく琥珀は再び木箱にもどされた。一七二五年、ピョートル大帝、死去。

後継者のエカテリーナ一世も、これを継いだピョートル二世も、新宮の建て増しに追われていたせいだろう、琥珀のコレクションに関心を示さなかった。冬宮についで夏宮が完成。三代のちの女帝エリザヴェータまで、木箱は二十数年間、倉庫に眠っていた。

エリザヴェータは大帝の末の娘にあたった。父の夢を実現したいという思いがあったのだろう。夏の離宮の建造にあたり、建築家に命じて特別の設計をさせた。一七五五年、壁面の取りつけ開始。高さ六メートル、総延長四十メートル、それだけの壁面を琥珀で埋めつくす。

世にも豪華なパズルゲームというものだった。プロシアから百人にのぼる琥珀職人が送られてきた。新しく磨き上げ、修正し、足らずは補っていく。こまかい作業がえんえんとつづき、エカテリーナ二世の治世までずれこんだ。一七七〇年に完成。木箱に詰めて送られてより半世紀あまりがたっていた。やがてより抜きの客に公開された。燭台がともされるとき、四つの壁を埋めた数かぎりない琥珀がいっせいに輝いて、人工の太陽とそっくり、「世界七不思議」に一つ加わって、「第八の不思議」と言いそやされた。

以来、百七十年あまりがたって、一九四一年のこと、栄えある黄金の間が忽然として消え失せた。

「琥珀の木箱」のことは、あちこちで耳にした。クライペダの海岸通りで店を開いていた琥珀売りは、ナチス・ドイツの高官が持ち去ったと言った。亡命先のアルゼンチンへ送らせたという。それが南米亡命コースの資金になった。

隣りで露店を出していた娘は、自分のいる琥珀製作所の主人がくわしいからと言って、わざわざ名刺をくれた。一説によると、避難民を乗せたヴィルヘルム・グストロフ号に積み込まれ、船と運命をともにした。主人は仲間のダイバーと海にもぐって探索したことがある。船室の写真もとってきた。その壊れぐあいでは、たとえ厳重に荷造りされていたにせよ、いずれ波にさらわれ、もとの海にもどったのではあるまいか――。

カリーニングラードで「海の道」を案内してくれた元船乗りのミヒャイルさんは、グストロフ号積み込みには首をかしげた。そんな危険は冒さなくても、隠す場所ならいくらでもある。教会や修道院の地下には、迷路のような通路がのびており、奥にひっそりと礼拝堂や納骨堂があって絶好の隠し場所というものである。それにかつての東プロシアの首都近傍には、旧貴族ゆかりの城や別荘が点在している。もともと万一のとき、美術品や貴金属隠匿の効用をあてこんで造られた。

「目ぼしいところだけで百三十カ所にのぼるのです」

琥珀の木箱が隠されたとされるところだ。物識りのミヒャイルさんは地図を開いて主だったところを指でたどっていった。現代のロシア語の地図だとわからないが、ドイツ語の旧ケーニヒスベルク地図には、おしりに砦や泉や庭のつく地名がちらばっている。いずれも城や館や修道院にちなんでいる。

バルト海の内海を一巡したあと、ミヒャイルさんとカリーニングラード市北西のナチス・ドイツ軍参謀本部跡に立ち寄った。赤レンガ造りの要塞が、ずらりと黒い口をのぞかせていた。丘陵の下にひそんだぐあいで、外からだとせいぜい半地下のようだが、内部は何層にもわたっているそうだ。一九九九年、第三要塞とよばれるところで、「プロシアの宝物」が見つかった。旧王宮付属の貴金属が、ジュラルミンの箱に詰められて埋まっていた。

がぜん、琥珀組が元気づいた。消え失せた木箱も同じ隠し場に行き着いたのではあるまいか。さらに奥まったところに隠匿されたにちがいない。迷路状の内部が、くまなく再調査された。あるグループはレーダーの機械まで持ちこんで調べたが、結果はノーだった。

カリーニングラードの百三十カ所のほかに、旧東プロシアだけで有力な候補地が十数カ所もあるそうだ。マニアは多少のからかいをこめて「ホビー（趣味の）宝探し屋」とよばれている。日曜日になると、いろいろと身ごしらえをして、いそいそ出かけていく。

ペテルスブルクのエカテリーナ離宮に、一九四一年まであったことはたしかである。琥珀の間の正面を、やはり琥珀をはめこんで、王冠と、FとRを組み合わせた文字が飾っていた。琥珀コレクションの生みの親、フリードリヒ王をあらわしたもの。とともにプロシアとロシアの連帯のしるしだった。

実際、ロシア宮廷とプロシアの王宮は親類筋のように仲がよかった。プロシアの士官たちは、たいてい若いころにペテルスブルク出仕を申しわたされ、霧深いネヴァ河のほとりで数年を過ごした。ロシア軍の演習に参加し、新しい戦術をコーチした。

子供向けの絵本もあるが、「ほらふき男爵の冒険」をごぞんじだろう。北ドイツの小さな村に住む男爵が、冬の夜ながに村びとたちに語ったほら話である。舞台がすべてロシアなのは、この男爵もまた青年のころ、プロシア士官としてロシアの宮廷に赴き、さまざまな思い出をもち帰った。

退役後は生まれ故郷にあって、毎日、退屈でならない。およそ変哲のないプロシアの田舎暮らしのなかで、若いころのロシアの日々が夢のように思えてならず、物語っているうちに少しずつ大げさになり、とどのつまりは奇想天外なほら話にまでふくらんだ。

十九世紀を通じペテルスブルクにおけるドイツ人の人口は四万あまりを数えた。たいていがワシリエフスキー島とよばれるところに住み、大きなドイツ人町を形成していた。のちの鉄血宰相ビスマルクは若い士官としてこの町に住み、婚約者へしきりに手紙を送っていた。トロヤ遺跡の発掘者ハインリヒ・シュリーマンは、藍（インディゴ）を扱う商人として同じ町にいた。相場の変動の大きな商品で荒稼ぎして、それを元手に夢の発掘にとりかかった。

一九三九年八月、ドイツ・ソ連不可侵条約が発表されて世界中を驚かせた。ファシズムの国ナチス・ドイツと、兵士と農民の国ソヴィエト連邦とが協約を結ぶとは、およそありえないはずだった。ナチスの外務大臣リッベントロップとスターリンが握手をしている写真を前にして、大日本帝国の首相は「青天のヘキレキ」を口にし、「欧州の天地は複雑怪奇なる新情勢を生じた」と呟いて辞任した。

イデオロギーでは不可解だったかもしれないが、歴史的には少しもそうではなかったのである。琥珀の間のイニシアルが示すとおり、バルト海を仲だちにして、ながらく親密な仲だった。

どちらも「不可侵」を旗じるしにしていたが、ヒトラーとスターリンとでは思惑がまるでちがっていた。歴史を信頼する点でソ連の独裁者は、より素朴であり、ナチズムの総統は、より狡猾だった。ソ連の荷車がポーランド産の穀物を第三帝国の市場へ運んでいたころ、ヒトラーの秘密指令のもとに東プロシアの内陸部では着々と、参謀本部「狼の巣」の建造がすすめられていた。その位置からして対ソ連戦線を考えてのことはあきらかだった。

一九四一年六月二十二日、ナチス・ドイツ軍はソ連国境を越え、一路レニングラード（ペテルスブルク）をめざした。独ソ戦のはじまりである。「バルバロッサ作戦」とよばれたもので、ドイツ側では周到に練られていた。一方、スターリンにとって寝耳に水だったことは、国境の無防備ぶりからもあきらかだった。

同年九月、ドイツ軍、レニングラード制圧。冬の到来の前に「プーシキン作戦」とよばれるものが実施された。旧ペテルスブルク王宮の美術品を収奪する。ナチス宣伝省は「芸術の保護」と名づけた。戦禍を受けるに先立ち安全な場所に移す。とりわけ重要な「保護」を受けて、琥珀の間が解体され、「第八の不思議」がそっくり木箱に梱包された。そして二百二十年あまり前のコースを逆にたどり、そもそもの出発点のケーニヒスベルク王宮にもどってきた。

元船員ミヒャイルさんは、帰還した琥珀に立ち会わなかったか？　ありえないこと。幼いころはオデッサにいた。戦後、船員見習いとしてカリーニングラードにやってきて住みついた。

知り合いに誰かいないか？　心当たりをあたってくれたが、いずれもダメ。笑いながら「どうして？」とたずね返した人もいたらしい。おまえも宝探しのホビーをはじめたのか。

ケーニヒスベルク城に復元された琥珀の間（1941–44）

「ロシア人にはいませんネ」

仮に見た者がいるとすると、ナチスの軍関係者、あるいは旧ケーニヒスベルク市庁の面々、さらに軍や市から招待を受けるような富裕層。このところ趣味の宝探しがドイツのほうで盛んなのは、その手の年寄りの証言があってのことではなかろうか。

一九四一年に「保護」されてのち、木箱は解かれ、このたびはケーニヒスベルク王宮に琥珀の間が出現した。秘密を守るためだろう、町の琥珀職人ではなく、博物館員が作業をした。写真が残されているが、ぴったり収まらなかったところは額ブチの形にあけてある。美術品で充当したと思われる。王冠とFRのイニシアルはドアのすぐわき、下のめだたないところにはめこんである。一方的に連帯を破って収奪したものであれば、正面に据えるわけにいかなかった。

どれほどの市民の目にふれたものか。ナチスの東プロシア大管区指導者はエーリヒ・コッホといった。琥珀の間に出入りできたのは、せいぜいのところ、彼の息のかかった少数者に限られたのではあるまいか。

一九四四年一月、ソ連軍の大攻勢がはじまった。しだいにペテルスブルクのドイツ人町から人影が消えていった。ケーニヒスベルクは避難民でふくれ上がった。つづいて人々はいっせいにケーニヒスベルクの外港にあたるピラウ軍港に押し寄せた。その後の一年にわたり、ドイツ海軍、またありとあらゆる船が動員されて避難民を西へと送り出した。

そのころ、こっそり琥珀の間が解体されて——これで何度目になるだろう——木箱に移された。誰が命じ、誰が実務の指揮をしたのかはわからない。とにかく、そのように言われている。事実とすれば、ケーニヒスベルク博物館館長アルフレート・ローデが関与していたはずであるが、ドクター・ローデは否定した。ローデの証言によると、王宮が爆撃されて炎上した際、琥珀の間も運命をともにした。琥珀は火に弱いのだ。溶けるようにして焼け落ち、燃えつきて、あとかたもなく灰になった。

一九四五年十二月、ドクター・ローデ、死去。医師の診断書には「チブス」とあった。敗戦直後の悲惨な状況が生み出したものにちがいない。ケーニヒスベルクは町の九割ちかくが瓦礫の山となり、最低限の食べ物にもこと欠いていた。そのなかで戦後処理にあたっていて病に倒れた。

そのはずであるが、のちに噂が流れた。琥珀の間の責任者として木箱を隠匿した場所を知っていた。そのために殺されたというのだ。夫の死の数日後にローデ夫人も急逝したので、それがまた噂を強めた。時価にして一億二千五百万ドルと評価される琥珀をめぐってであれば、死人が出ても不思議はない――。

ソ連軍はケーニヒスベルク制圧ののち、直ちに美術品その他の確認と撤収にとりかかった。責任者アレクサンドル・ブリュソフは誰よりも早く、半ば吹きとんだ旧王宮を検分した一人だった。その責任者が、一九四九年に琥珀の間について述べたことが、ローデ他殺説、また、宝探しのはじまりになった。

ブリュソフによれば、いくつもの不審な点がある。たとえばドクター・ローデは琥珀がはめこまれていたのは勲章の間だったと述べているが、そこは壊れこそすれ、燃えた形跡はなかった。また焼失を言ったのはローデひとりだけで、あとの館員たちは同意していない。さらにドクター・ローデは死の寸前、琥珀の木箱がどこかにあるはずだと打ち明けた。

ブリュソフは一九五五年に調査記録を公表した際、あらためて木箱の実在を主張した。「私見によれば」と断った上で、ナチス・ドイツ軍が秘密裡に用意した市中の地下壕のどこかだろうと述べている。候補地が百三十にものぼるのは、この手の地下壕がいたるところにあるせいである。

ミヒャイルさんによると、最近、地下壕の一つの土地所有者が新しい商売をはじめた。

「琥珀の間・全長一五〇m」

入口に看板を掲げている。入場料を払うと、地底巡りが楽しめる。どんづまりに売店があって、往来で見かけるたぐいの琥珀のお土産を売っている。

ピョートル大帝が「ヨーロッパの窓」のほとりに新宮の建造をはじめたのは一七〇三年であって、その三百年記念、及びドイツ・ロシア友好のしるしに、ドイツの財政的援助のもと、二〇〇三年九月、ペテルスブルクの旧王宮に琥珀の間が贈られた。現在は波の贈り物ではなく、レーダーが琥珀の地層「青い床」を探しあてる。だから一つ十キロに及ぶ琥珀石も珍しくない。コンピュータ仕掛けで正確無比に切り取り、デザインしていく。

私は写真を取り寄せて確かめたが、ちゃんと王冠つきのFRのイニシアルも復元してある。ただデザインがへんに新しく、何やらディズニーランドのマークと似ていた。

タラウの娘

川はメーメル川、町はメーメル。やわらかな、やさしい響きの名前である。「メーメ」の音が、ドイツ語の「母親」の愛称「マンマ」や「ムティ」と似通っているせいか、何か懐かしい思いをよび起こす。母の胎内のような、どこか遠くへのノスタルジア。そういえばかつてドイツ国歌の二番に使われたのも、そのような効用を見こしてのことかもしれない。「南はライン、北はメーメル」、二つの川のあいだがドイツの大地だというのだ。

旅行業者愛用の言い方だと「さいはての町」になる。東プロシアの最北端であり、現在の地図ではメーメル川がロシアの飛び地とリトアニアの国境だが、かつては川向こうの横長の三角の形で東プロシア・メーメル地方がつづいていた。いわばメーメルランドであって、となるとディズニーランドと音が合うせいか、やはりどこかお伽の国を思い出させる。

実際、そのようにして町ができた。十三世紀の半ば、ドイツ騎士団が砦をつくったのがはじまりだった。メーメル川が広大な干潟に流れこむ以北に、移住者は川づたいで土地を求めた。リトアニア人の集落と隣り合わせにドイツ人の村ができていった。ほかに西のバルト海を渡ってきたスウェーデン人、あるいは東からのロシア人、南からのポーランド人、ハンザ都市の先兵としてのユダヤ人。となると、さまざまな人種の共存し合う中心町がなくてはならない。騎士団の砦の周辺に、川の名をそのままいただく港町メーメルが誕生した。

十七世紀に大きく発展したのは三十年戦争のあおりを受けてのことだった。神の名を掲げて旧教徒と新教徒が三十年の永きにわたり、殺し合いをした。全ヨーロッパを巻きこんだ宗教戦争にあって、スウェーデンは新教側の盟主であり、国王みずからが大軍を率いて出陣した。ヴァイキングの流れをくむ北方の軍団が、つぎつぎとメーメル港に上陸した。

これに対して南ドイツからボヘミア、オーストリア一帯は、旧教の牙城だった。そこに少ないながら新教徒がいた。少数者はまっ先に槍玉にあげられる。東プロシア、とりわけメーメル地方に宗教的避難民がやってきた。逃れてきた人々には、北の辺境に自分たちの神の国をつくる思いがあっただろう。メーメル方言にはオーストリア・ドイツ語がまじっているといわれるが、カトリックの大司教座の置かれていたザルツブルク一帯から移っていった人々によるとされている。旧ドイツ国歌がライン川からメーメル川までと歌ったとき、宗教的世界をも合わせたことも意味していただろう。

リトアニアの首都ビリニュスのホテルを早朝に出て、列車で西に向かった。乗ること三時間あまりでバルト海の港町クライペダに着いた。閑散とした駅前広場にブロンズの母子像が立っていた。等身大につくられていて、前に立つと母と子に向き合うかたち。母は頭にスカーフを巻き、手にトランク。おもちゃのクマさんを抱いた幼児がわきにいて、手をのばして母親の手をつかんでいる。母と子がどこかに出かける。しかし、それにしては表情がただならない。母は一点を見据え、歯をくいしばっている。幼子はその母を見上げ、一心不乱に取りすがったぐあいだ。

このたびは宗教ではなく政治的避難民だった。足元にブロンズの標識が埋め込まれ、リトアニア語とドイツ語の説明がついている。まず「別離」と大きな文字。ついで

「町の誕生七百五十年記念に際して」と一行。下に設立者の名前、「ドイツ在住メーメルランド地区評議会」。二〇〇二年の日付が入っている。

リトアニア語で「別離」は「アッィスヴェイキニアス」というらしい。趣旨は同じだが、設立者の名称がちがう。「ドイツ在住クライペダ地区評議会」がこれを建てた。現在の町の名はクライペダである。念のために旧東プロシアの三都市を並べると、こんなぐあいだ。

ダンツィヒ↓グダニスク（ポーランド名）
ケーニヒスベルク↓カリーニングラード（ロシア名）
メーメル↓クライペダ（リトアニア名）

改名は多少とも心理的暴力をともなうものだが、とりわけメーメルが手ひどく凌辱されたような気がする。

広い通りがのびているが、誰もが駅前広場の前の木立ちを抜けていく。近道にちがいない。こういうときは土地の人の作法に従うものだ。すぐ住宅地になった。同じ形、同じ色、同じ戸口をもった建物群で、ソ連時代に建てられたのだろう、ロシア文字が消えのこっている。リトアニア独立後に建てられた建物はモダンなつくりで、色とりどり、形もまちまち。一つ先に赤レンガがむき出しの廃屋や、色を塗りかえただけの古い建物が並びあって、軒にドイツ文字が刻まれている。おりしも「町の誕生七百五十年記念」の儀式が予定されていたが、その時点でこまかく分けると、つぎのとおり。

ドイツ時代　六百九十二年
ソ連邦時代　四十四年
リトアニア時代　十四年

町の構造が時代区分に応じており、新しい住宅地の内側は公共ゾーンで、役所や警察がソ連時代そのままに、いかめしいコンクリートをそびやかしている。壁面をとてつもなく大きなスローガンが飾っていたようで、取り外された文字のあとが白い絵模様のようになってのこっていた。

「バルチック・クリッパー」

新しく旗上げした船会社らしく、長大なガラスの正面に船便の案内を貼りつけている。ロンドン、ブリュッセル、ストックホルム、コペンハーゲン、どこであれ船を仕立てる。さらに航空会社とタイアップしたトルコ旅行、ギリシアの島巡り、イタリア一週間、南国スペイン夢の旅……。ソ連邦からの独立と自由化は、さしあたり新興会社の事業欲にあらわれている。

こちらはそれよりも、ちょっとしたしるしを探していた。古びた建物ではあれ古びすぎてはいず、一九二〇年代に流行したアール・デコ様式をとどめているもの。もしかすると、こぼれのこっているかもしれない。それというのも歴史はおりおり、奇妙ないたずらをするものなのだ。

さきほどあげた時代の三区分は、厳密にいうと正しくない。第一次世界大戦のあと、メーメル地方は、まさしく歴史のいたずらとでもいうしかない状況にあった。メーメル川以北の三角地帯は、どこにも属さない。全人口十八万あまり。ドイツでもロシアでもない。不思議な空白時代が二十年ちかくつづいた。

一九一九年のヴェルサイユ条約で、ドイツはダンツィヒとともにメーメルを失った。ダンツィヒが東プロシアから分離されて自由都市となったことは、よく知られている。

すでに述べたとおり、ドイツ本土から切り離された軍港をめぐって、たえず政治が角突き合い、とどのつまりはヒトラーによる「ポーランド回廊」の強硬な要求が第二次世界大戦の口火になった。

一方、メーメル問題は、ほとんど注目を引かなかった。講和条約ではメーメル一帯が東プロシアから分離し、連合国管理下に置かれた。その連合国とは「フランス・イギリス・イタリア・日本」を指していた。列強の仲間入りをしたばかりの極東の島国が、多少ともヨーロッパの領土とかかわりをもった最初で最後のケースである。

一九二〇年二月、連合国軍軍政のはじまり。連合国軍とはいえ、実際に兵を派遣したのはフランスだけで、そのほかは軍人行政官を送った。日本政府がどのように人選をしたのか不明だが、赴任を申し渡された軍人たちは、世界地図でメーメルを探しあて、さぞかしガッカリしたことだろう。よりによって、どうしてこんなド田舎へ行かなくてはならないのか。イギリスや花のパリ組が出世街道を駆け上がるとすると、こちらはまさしく冷飯組である。たぶん、いやいやながらに赴いて、お座なりに勤めたのだろう。何人か、あるいは何十人かがメーメル入りをして統治行政に参与したはずであるが、その間のことは何一つ伝わっていないのだ。

連合国軍による統治は三年つづいた。一九二三年一月、ドイツで大きな異変があった。フランス軍によるルール工業地帯の占拠である。世界の注目がそこに集まっているすきをついて、メーメルではリトアニア義勇軍が軍政庁を占拠した。フランス軍は反撃しなかった。同年五月、「メーメル講和」がまとまって連合国軍は撤退。ともかくも一翼をになった日本の軍人一行は、いそいそと帰国の途についたにちがいない。

その後も奇妙な状況がつづいた。リトアニアの主権下にあってメーメルは政治上は独立地域であり、行政官が全権を握っている。議会の議員は行政官が任じ、議決には拒否権を行使できた。

一九三一年、はじめてドイツ人行政官が誕生。一九三八年の選挙では住人の九割ちかくがドイツ復帰に投票。一九三九年五月、ヒトラーはメーメル国民劇場のバルコニーに立ち、広場を埋めた群衆に演説をした。

「大ドイツ帝国の新しい市民諸君！」

メーメルランドは東プロシアにもどり、ふたたびドイツ最北の町になった。

旧市街は碁盤目に区切られ、古風な石畳がつづいている。家ごとに正面の意匠がちがっていて、壁は淡い桃色か黄色、そこに風雅な飾りがほどこしてある。運河づたいに行くと劇場のわきに出た。国民劇場が市立劇場と名が変わっただけで、たたずまいは昔と変わらない。戦争で半壊したが、町当局は元どおりに復元した。ネオ・クラシックとよばれる、少々いかめしいスタイルで、ヒトラーが獅子吼したバルコニーもそのまま、正面庇のレリーフも、古風な明かりも寸分ちがわない。

劇場前の広場に石づくりの水盤があって、まん中の石の碑に楕円形をしたブロンズのレリーフがはめこまれている。下に「ジーモン・ダッハ　1605―1659」の文字。メーメルに生まれた詩人で、のちに首都ケーニヒスベルクで詩学教授になった人。いかにも十七世紀の知識人らしく、長い髪に立派な髭。それはいいのだが、詩人の記念碑を台座にして、さらに上に可憐な少女が立っているのはどうしてだろう？髪をまん中で二つに分け、胴着にエプロン、肩からポシェットを下げ、右手にもった花を見つめている。

ケーニヒスベルク近郊の村タラウの娘アンナである。詩人ジーモン・ダッハは、ある日、遠出をしてアンナを知った。ひと目見て、恋をした。だが、娘に婚約者がいると知って断念し、かわりに詩を作った。二行一連を十七つづけたもので、思いのほどが、たたみかけるようにつらねてある。

タラウの娘アンナ、わがいのち
わが心、わが肉体《ししむら》、わが血しお

レリーフに見る肖像は分別ゆたかな中年男だが、青年のような恋をしたらしい。

タラウの娘アンナ、わが光
わが太陽、永遠の絆《きずな》――

叫びのような詩句が台座の四方に刻まれている。
一九一二年の建立である。ドイツの詩人がドイツ娘をうたいあげた記念像は、帝政ドイツにふさわしかった。その帝政が消滅し、メーメルが独立自治区でゆれていたときも、タラウの娘は広場に立って、町の人々を見つめていた。まわりでは定期的に果物市や花市がひらかれる。市が終わると、人々は水盤で手を洗い、エプロンの少女に会釈するようにして帰っていった。劇場のバルコニーでヒトラーが、身ぶり、手ぶりせわしなく演説したときも、タラウの娘はひっそりと、うつむくようにして立っていた。

一九四五年、戦争が終わったとき、広場には何もなかった。壊れた水盤だけがのこされていた。ソ連軍司令官は水盤を埋めさせ、勝利のしるしに戦車を据え、勝利者のしるしにレーニン像を立てさせた。戦車は砲を西に向けていた。レーニン像は同じく西を向き、顎を突き上げて立っていた。

タラウの娘はどうなったのか？　二つの説がある。一つは一九三九年の戦争勃発とともに市当局が取り除いたというのである。倉庫に保管していたところ、砲火を受けて炎上、倉庫もろとも消え失せた。

べつの説によると、記念像を愛する人々が保管を申し出て、みずから運び去ったという。どちらが正しいにせよ、いちどは広場から姿を消した。戦争にも、またナチス・ドイツの世界観にも、およそそぐわない像であって、荒ぶれた地上に痕跡一つのこさなかった。

ソ連邦が崩壊し、新しいリトアニアが誕生したとき、人々はまず、むくつけき戦車

町の広場に立つ「タラウの娘」像、背後は旧国民劇場

を撤去した。レーニン像は台座もろともクレーンで吊り上げてトラックにのせた。

そのあとに再び、タラウの娘がもどってきた。アンタナス・スタネヴィツウスというリトアニア人で、クライペダ新聞の記者をしている人が、『タラウの娘の謎を解く』という本を書いていて、像の消失と再登場を克明に追っている。少女像のモデルまでわかっていて、ゲルダ・シュヴィーヴェックといい、ケーニヒスベルクの娘。十四歳のとき、彫刻家にたのまれてモデルになった。記者が一九九〇年に探しあてたとき、彼女は九十三歳で健在だった。北ドイツにひっそりと住み、思い出を語ってくれた。ついては記者は一つの約束をさせられた。決して住所を明かさないこと。

「タラウの娘に夢を抱く人を、失望させたくないですものね」

老女は恥じらいをこめて言ったそうだ。

記念像はもとのまま立っているが、しかし、すべてがもとのままでもないらしい。顔つきがやはり現代の娘で、肩から下げたポシェットも、あきらかに今風に変わっている。どこで、どのように変身したのか？

広場の隅に小さな書店があって、書棚にクライペダ新聞記者の労作がまじっていた。おもわず立ち読みをしていると、店の品のいい中年の女性が不思議そうな顔をした。

どうして東洋人が「タラウの娘」の顚末《てんまつ》に興味を抱いたりするのか？　問いたげな顔つきなので、台座に刻まれた詩句を口にすると、うれしそうにうなずいた。そして自分たちはリトアニア語の歌で覚えたといって、ゆっくりとしたテンポのメロディーを口ずさんでくれた。民謡のようにして歌われてきたそうだ。

一九四四年十一月、ソ連軍の大攻勢とともに、いっせいに避難がはじまった。列が日ごとに長くなり、メーメル港のあらゆる船が動員された。男たちはおおかたが戦場に出ていて、駅前の「別離」の像にあるように、たいてい母と子や、老いた夫婦だった。一九四五年春のナチス・ドイツの崩壊までに、メーメル一帯の九十パーセントの住人が住みなれた土地をあとにした。七百年の過去が煙のように消え失せた。

運河沿いに旧ドイツ時代の赤レンガの倉庫がのこっていた。ドイツ人観光客を見こして目先の早い人がはじめたらしい。赤レンガ造りの倉庫をビヤホールに改装して、「メーメル亭」と名づけた。ちゃっかり「一八七一年創業」をうたっている。

通りすがりにのぞくと、団体客が昼食をとっていた。「ドイツ在住メーメルランド地区評議会」のメンバーかもしれない。大半が白髪の赤ら顔で、メーメル・ビールを傾けていた。白髪の老女たちが巨大なカップでアイスクリームを食べている。苦難の思い出を語り合うのは、それはそれなりに、こよなく楽しいひとときにちがいない。

東プロシアから逃れた二百万のうち、メーメル地区は約一割といわれている。悲劇とされる事例が少なかったのは、リトアニアとドイツの相互の同化が、よそよりも進んでいたからだろう。「タラウの娘」のメロディーを、ともに口ずさむような精神的基盤があった。二十年に及ぶ独立自治区の知恵が働いてのことにちがいない。そういえば広場の隅の書店の壁にかけてあったカレンダーが、当月の金言を掲げていた。

「祝福は上からくるが、それは下から助ける手があってのことである」

やにわに音楽が鳴りひびき、ホイッスルが鳴りひびいた。歓声がさざ波のように流れてくる。大通りを通行止めにして小さく区切り、バスケットボールの試合がはじまっていた。各チーム三人ずつ、計六人が一つきりのゴールポストをめざす。小学生組、中学生組と分かれていて、幼いクラスからスタートした。チビッコがボールを抱くなり、器用にシュートをする。あるいは半円をえがいて投げ入れる。

チームごとにユニフォームがちがうのは、ミニ・バスケットながら十分な準備と練習を積んでのことだろう。レフェリーは黒ずくめで、判定し、点数をつけ、注意を与

港の倉庫を改造したビヤホール

ミニ・バスケットボール会場

え、なんとも忙しい。道路を区切っただけの十メートル四方と、洒落た意匠のポストのネットで足りる。二十ばかりの即席のグラウンドで熱戦がつづいていて壮観だ。リトアニアは小国だが、バスケットの強国であることを思い出した。たしかオリンピックでも、プロ揃いのアメリカチームを向こうにまわして一歩も引かなかった。その下地は往来のミニ・バスケから養われているらしい。チビの女マネージャーがいて、タオルを渡したり、ジュースを配ったりしている。金髪の、肌が抜けるように白い少女が、サングラスを頭にのせ、腕組みしていた。

大通りの左右の旧市街は碁盤目に区切られ、古風な石畳がつづいている。薄い桃色や黄色い壁は、どこかしらザルツブルクの家並みと似ている。飾りファサードに家紋と1721といった数字が見える。南方の故里を捨て、北辺の港町で念願の住居をもった人々の誇りのしるしだった。

そんな家並みのあいだの小広場で奇妙なものといき合った。ブロンズ製の箱で、高さ三メートルばかり、小屋根がのっていて、隅に龍のような異様な獣がとまっている。上面に美しい女性の横顔がレリーフになっており、下に小さく丸いワクどりをして、いくつかの顔がひしめいていた。あいだにトカゲが一匹、彫りつけてある。よく見ると、隅に1990の年号とサインが刻みつけてあった。

広場に引き返し、書店の女性にたずねたところ、土地の所有者の若いドイツ人が、一つの条件付きで市に広場として提供した。いわく「パンドラの箱」、メーメルを去った三代目の作品を展示してもらいたい。市当局は、このようなバカでかい箱が届くとは思わなかったが、約束どおり大理石の台座をつくって据えつけた。

「最後には希望が出てくる」

「パンドラの箱」にまつわる、多少とも皮肉な教訓をこめてのプレゼントだそうだ。

駅に向かう途中、もう一度横を通った。ブロンズの奇妙な箱が黒い影を投げていた。一段と大きくホイッスルと歓声がわき起こった。大通りをのぞくと、現代の「タラウの娘」がサングラスをかけ、両手を突き出して、せわしなくチビッコ軍団に指示を与えていた。

メーメルのほとりで

旧のドイツ名が「ティルジット」、ロシア名では「ソヴィエック」。リトアニアとの国境の町である。現在の人口八万あまり。ロシアの飛び地にあって州都カリーニングラードについで大きい。

一応の下調べはしていたが、念のためにホテルでたずねた。「ソヴィエックのことで――」と切り出すと、フロントの女性はけげんそうな顔をした。発音のせいかと思って「ソヴェツク――ソヴィーエック」などと言い換えると、うなずいてから確認するように「ティルジット?」と問い返してきた。そして「ソヴィエック」と念押しをした。

カリーニングラード駅で切符を買うときも、二つの名前がまぜこぜになった。発音のせいというより、ロシアにあってロシア名がなじんでいなくて、旧名が併用されているらしい。

一九四六年の地名改正にあたり、当局はどうして「ソヴィエック（ソ連町）」などと大ざっぱな命名をしたのだろう。新国土の山野と市町村すべてを名づけるのに疲れはて、北の国境町には手っとりばやいのをあてたのだろうか。それとも州都につぐ重要都市として、ソ連邦をそっくり町名にのっけたのか。あるいはまた、過去に御破算を申し渡す意味をこめて、革命のキーワードの「ソヴィエト」を焼き印のように捺《お》したのだろうか。

歴史にはナポレオン戦争の前後に北辺のこの都市が、「ティルジットの講和」をめぐって何度か出てくる。一八〇七年、ナポレオンとロシア皇帝アレクサンドル一世は当地で会見し、和平を結んだ。さらにプロシアが加わって、三国の講和が成立。数年で破られたしろものだが、ともかくもヨーロッパがつかのまの平和をとりもどした。

両巨頭の会見に、東プロシアの田舎町が選ばれたのは、ティルジットがそれなりに要衝の地であったからだろう。メーメル川中流にあって、古くはドイツ騎士団の砦があった。十五世紀にドイツ人町として都市権を獲得。水運によってバルト海と結ばれており、川づたいにスウェーデン人やデンマーク人がやってきた。ポーランド人、リトアニア人、オランダ人、ロシア人。ナポレオンの登場とともにフランス人も来た。東プロシアにあって、ここはミニ多民族国家の性質をおびていた。おぼつかない約束にせよ講和を全ヨーロッパに告知するには、すこぶるふさわしい土地だった。

ドイツで作られたロシア名・ドイツ名併記の地図には、だいたい色で町々がしるされている。おおよそのひろがりぐあいをなぞっており、カリーニングラード＝ケーニヒスベルクはほぼ円形をしている。ほかの町も、いびつさの程度はともかく、ほぼ円にちかいなかで、ソヴィエツク＝ティルジットは、なんともへんてこだ。半円形にひろがり、まん中を押したので横がとび出したかのように、左右がカニのハサミ状にのびている。

もともと川をはさんで円形に拡大した。リトアニアの独立とともにネムナス＝メーメル川が国境となって、町は二国に分断され、横ひろがりの不格好なカニになった。

私は古い橋のコピーをもっていた。カリーニングラードのホテルの年配の女性は懐かしげにしげしげとながめ、同じ橋の写真が、かつてわが家にもあったと言った。額入りで居間にかかっていたそうだ。

ティルジットの旧ドイツ人街の壁飾り

城門のような二つの塔が入口で、これを基点に鉄骨が四つの雄大なアーチを描いている。「ルイーゼ橋」といって、一九〇七年の架橋になる。年号からもわかるとおり、「ティルジットの講和」百周年を記念して建設された。ルイーゼはプロシア王フリードリヒ・ヴィルヘルム三世のルイーゼ王妃のこと。プロシア王家にあって、もっとも聡明で美しかった人として語り継がれてきた。

一八〇六年、ナポレオン軍占領下にライン連邦が成立したとき、ルイーゼはベルリンを逃れ、ケーニヒスベルク、ついでティルジットに来た。一八〇七年の「ティルジットの講和」を実現させたのは、このとき三十一歳の王妃の努力による。ナポレオンは王妃の口にするフランス語を——お世辞をこめてかもしれないが——「まるで音楽のようだ」と言ったという。

一八〇九年にベルリンへ帰還するまでルイーゼ王妃はティルジットにとどまった。聡明さとやさしさを伝える数多くのエピソードが残されている。半ばは民衆がつくりあげたものかもしれないが、三十四歳の若さで世を去った王妃は、以後、伝説の女性になった。

古い写真をよく見ると、両塔のあいだのアーチに大きなバロック風の石のメダイヨンがのっている。花の紋様と王冠で飾られ、橋を通る人々を祝福する役まわり。

　橋のたもとには、十七世紀はじめに完成したプロテスタントの教会があった。鐘楼に三層の飾り塔がのっていて、川向こうからだと、美しいシルエットに見えた。カトリック教会は「マリアの天路歴程教会」とよばれていた。市庁舎は淡い黄色がかった壁面に白大理石のしま模様が走っていて、赤味をおびた屋根によく似合っていた。正面の塔の屋根がゆるやかなピラミッド状にそびえていて、「ティルジットの三角帽子」とよばれていた——。

　すべて、あとかたもない。ルイーゼ橋は第二次世界大戦末期にドイツ軍によって爆破された。橋のたもとの教会はソ連軍によって破壊された。市庁舎の三角帽子は空爆で吹きとんだ。戦後、ソ連当局はルイーゼ橋につづく旧屋敷町を取り壊し、灰色のコンクリートのアパート群を建てた。「マリアの天路歴程教会」は永らくチーズ工場に使われていたが、ごく最近、チーズ工場が郊外の工業団地に移転したことにより、遅まきながら復元の計画が進んでいるそうだ。

　町全体が埃っぽいのは、通りの石畳が欠けたり、コンクリートがひび割れていて、そのデコボコ道を車がすっとばすたびに砂埃が上がるせいらしい。

首からカメラをぶら下げて橋づめに向かいかけたら、制服の男によびとめられた。ロシア語の語調がなんともはげしい。猛烈にまくしたてる。要は写真はダメということらしい。カメラ没収になりかねない雲行きなので、あわてて広場をはなれた。べつに頑張る必要はない。新しい橋は、むろんルイーゼ橋とはいわず、二つの塔などもたず、またメダイヨンものせていない。ただの国境の橋であって、二国の出先機関が相互に目を光らせている。

すごすごと駅に向かいながら思い出していた。東プロシア生まれの作家エールンスト・ヴィーヒェルトが『メーメルの絵本』という、すてきな回想記を書いている。東プロシアにあって、北辺のメーメル地方は、とりわけ春が遅く、冬が早い。九月から翌年五月まで、ドアを開けると、いつも霧がある。壮大な宮殿も、栄光の神話もない。しかし、ヴィーヒェルトによると、ここでは「誰もが海と川と氷の争いは知っており、だから涙と不正と暴力も知っている」。不幸な王妃が逃れてきて、しばしの安住を得たところであれば、「見ること、聞くことに、どこの誰よりも長《た》けている」というのだ。歴史にもみくちゃにされてきた辺境の子たちのひそかな誇りにちがいない。

そういえば、第二次大戦後に登場したなかで、とびきり鋭敏な詩人だったヨハネス・ボブロフスキーはティルジットの生まれ、育ちである。自分の繊細な五感に殉じるように四十代半ばで死んだ。死ぬ少し前は、ナンセンス詩ばかり書いていた。私は以前、ドイツの「軽い詩《ライト・ヴァース》」で小さな一冊を編んだとき、「記憶」と題されたボブロフスキーの作品を一つ採った。

絨毯から　また腰掛けのクッションから
涙おさえて　わたしは拾い上げる
死んだわたしの牡猫の
白い抜け毛
それをわたしは
リューマチの
左足に
巻きつける

死ぬ前にボブロフスキーが、なぜナンセンス詩ばかり書いていたのか、理由は知らない。見ること、聞くことに、「どこの誰よりも長《た》けている」ばかりに、生きるのに疲れ、絶望していたのかもしれない。それにしても私はどうしてこんな詩を選んだのだろう。「記憶」というタイトルに惹かれたせいにちがいないが、われながらひどい選択をしたものだ。可哀そうな東プロシア詩人のために、もっと気の利いたのを、なぜ選んでやらなかったのだろう?

往復八時間かけて、何もないことを確かめにきたようなものだった。ナンセンスな遠出のようでもあれば、これはこれでよかったようでもある。州都につぐ都市なのに、なぜか直通の便がなく、さらに接続の列車が遅れているとかで、乗換駅で二時間近く待たされた。地元の人は慣れているようで、トランクに足をのせてうたた寝をしている。夜ふけちかくにカリーニングラードのホテルにたどり着いた。

ひとまずリトアニアの首都ビリニュスにもどる。ロシアの鉄道にはこりごりだった。すこし贅沢をしてハイヤーはどうだろう? ホテルに相談した。信頼できる運転手で、多少は英語のできる人。百七十ユーロで話がついた。翌朝、九時の出発。ぴったりの時刻に運転手がやってきた。セルゲイと名のり、筋骨たくましい大男、トビ色の目で、鼻ひげをはやしている。大きな手と握手した。車はメルセデス＝ベンツで、国境まで二時間、そのあとビリニュスまで二時間として、計四時間をもらいたいという。

うれしいことに片ことの英語が、こちらと同程度である。「良キ友ト旅スルホド楽シキコトハナイ」、すこし気どった片ことで答えて乗りこんだ。

快適なドライブだった。カリーニングラード州は東西に長い。西のはしの州都から東のはしの国境まで、ほぼ直線に国道が走っている。見渡すかぎり牧草地とも原野ともつかぬ平地で、道路づくりには何の支障もなかっただろう。二点間の最短距離は直線であって、おのずと定規をあてたような道路になった。

ときおり町並みがあらわれた。何世紀来、ドイツ人のつくってきた町は、赤黒いレンガ造りと教会の塔に特徴がある。途中の一番大きな町はインステルブルク。ブルクは「砦」の意味で、やはりドイツ騎士団が砦をつくったのがはじまりだろう。地図によるとロシア名はチェルニャショヴスク。退屈だからセルゲイ相手にロシア語のおさらいをした。「ありがとう」がスパスィーバ、「よい」がハラショー、「さようなら」がダスヴィダーニャ……。

国境に来たとたん、セルゲイが「あっ」とも「おっ」ともつかぬ声をたて、やにわに前かがみになった。目を据えて前方を見つめている。踏み切りの遮断機のようなものが下りていて、二、三人が突っ立っていた。かたわらに大きな掲示板が立てかけてある。

「ホワット・ハプンズ？（どうした？）」

声をかけたが返事をしない。右折して、運動場のように広大な駐車場に入っていった。大型トラック、トレーラー、乗用車、ワゴン車など、ありとあらゆるタイプが五十台ほど待機していた。すでに永らく待機中らしく、運転手たちが所在なげに立ち話をしていた。木陰にすわりこんだのもいる。あるいは運転席で寝そべっている。

小肥りの女がやってきた。制服姿で、首から身分証明証をぶら下げている。セルゲイに話しかけ、二人してプレハブ小屋に入っていった。セルゲイがもどってきた。五百ルーブルを出してほしいという。一ルーブルが三円として、千五百円見当である。しばらくしてセルゲイが書類を一枚ヒラヒラさせながらもどってきた。

「ともかくもやってみよう」

ロシア語で、そんな意味のことらしい。勢いよく走り出し、遮断機の前で急停車した。内側の監視用ボックスに制帽、制服の女がいた。権力の末端によく見かけるタイプで、目もと口もとが傲然としている。セルゲイの差し出した書類にチラリと目をやり、即座に「ニエット」と言った。ノーである。ダメ。ただひとこと。あとは顎を突き上げて知らんぷり。

このとき、ブレーキの音高く車が止まり、小肥りの紳士がとび出してきた。イギリス人らしく、おりめ正しい英語で、しかし興奮した早口でまくし立てた。自分は急いでいる。ビリニュス発の午後の便にどうしても乗らねばならぬ。いかなる理由によって国境が閉鎖されているのであるか？

小脇にかかえた革カバンがわなわなとふるえている。顔面が紅潮し、目が血走っていた。

「アイ・ドント・アンダースタンド！」

語気するどく三度くり返した。

「了解できぬ」、「けしからん」「なんたることだ」といった意味だろう。

「誰か英語を話す者はいないか？」

制帽の女が鼻で笑うような顔つきをした。かたわらで作業服の男が薄笑いを浮かべている。イギリス人が再度「英語を話す者」と言ったとき、作業服がからかうように片手をクネクネさせた。左かたを指しているようでもある。イギリス人は革カバンを抱いて駆け出した。制服と作業服が顔を見合わせて笑った。

私はセルゲイに合図した。ここで交渉してもムダであろう。疲労を増すだけであろう。もっと車のこない検問所はないのか？

田舎道を四十分ばかり北上した。針葉樹林を抜けたところが国境で、十台ばかりが一列になっていた。ストップの標示があって、検問所は百メートルあまり前方。やはり遮断機が下りていた。それが上がると、やおら先頭の一台が進んでいく。

事情がわかってきた。国境閉鎖ではなく、荷物検査なのだ。一台ごとに入念に調べる。密輪の摘発、そのはずだが、目的、効用は誰にもわからない。ある日、突然、すべての国境が閉鎖状態になる。トラック便は数珠つなぎ。搬入のめどが立たず、資材を待ち受けている工場もまた停止する。

二時間近くたって、やっと番がきた。遮断機を入ると、窓口に係官の制服が見えた。セルゲイが出向き、すぐにもどってきた。ここはロシア人専用で、他国の者はダメ。私は窓口へ出かけ、訴えた。不当である、そもそも、その旨の標示がどこにもないで

メーメル川の蓄木場

はないか。つい思わず、先ほどのイギリス人と同じ言葉を口にした。

「アイ・ドント・アンダースタンド！」

係官はうなずくでも首を振るでもない。無表情にこちらを見ている。石に向かって語るよりも空しいことがすぐにわかった。

さらに西寄りの国境がティルジットである。ほんの二日前、何もないのを確かめるために出かけた町へ、何としてもそこから出るために再訪するとは思わなかった。デコボコ道に揺られながら、私は考えていた。ティルジット生まれの靴屋のこと。名前をヴィルヘルム・フォイクトといった。美しいルイーゼ橋が架せられる前年のことだが、この靴屋がベルリン郊外で一つの事件をやらかした。その郊外町の名をとって「ケペニック事件」として知られている。

一九〇六年六月、陸軍大尉に率いられた一個小隊がケペニック市庁舎へやってきて、市長を逮捕、金庫を開けさせ、公金を没収した。市長以下、助役、収入役をベルリンの衛兵所へ連行する旨を兵士に命じ、自分は没収した公金を持って姿を消した。

逮捕に際して市長が令状の提示を求めたとき、自称大尉は自分の軍服と武装した兵士たちを指さして誇らかに言ったそうだ。

「皇帝の命令を履行するのに、これ以上のものが必要であろうか?」

やがて判明した。誰もケペニック市長の逮捕など命令してはいなかった。手配書がつくられ、ニセ大尉は逮捕された。東プロシアの町ティルジットの生まれ。おりしも失業中の元靴屋で、このとき五十六歳。浮浪者同然のしょぼくれた男だった。貸衣裳屋で軍服や軍帽、サーベルなどを借り出し、大一番のペテン劇をやってのけた。その指揮に従った兵士たちも、市長以下の面々も皇帝の軍隊の大尉を前にすると、あっけなく従った。

帝政期の力は皇帝様の軍服だった。資本主義体制に移行したロシアの「制服」は何であるか?

橋づめの広場に四十台ばかりが待機していた。私はセルゲイの大きな肩に両手をのせ、耳元で片こと英語をささやいた。

「ユー・アー・クレバー・オーケー?（きみは利口だ、そうだろう?）」

振り向いたセルゲイに、金満家が札束を取り出す手つきをした。

「アイ・ペイ（金を払う）」

二度くり返した。セルゲイがうなずき、十五分くれと言った。実際は三十分ちかくたってもどってきた。もう一度、五百ルーブルをと言い、その札を四つにたたみ、左手の手のひらに忍ばせると、そのままハンドルを握った。そして先頭車と二台目のあいだに車の先っぽをつっこんだ。

制服の係官がやってきた。セルゲイは窓を開け、古なじみにするように左手を上げ、親しげに声をかけた。軽く握手したとたん、五百ルーブルが消えていた。

そのすぐあと、われわれのメルセデス＝ベンツはメーメル川の橋の上を走っていた。鉄骨がアーチを描いているのは同じだが、かつてのルイーゼ橋の優雅さは望むべくもない。桁の鉄骨に石のメダイヨンのようなものが見えた気がしたが、あっというまに走り過ぎたので、旧の遺物かどうかはわからなかった。橋からメーメルの川筋が見えた。なかなかの大河であって、太い水面が空を映していた。目のさめるような青い帯が悠然とうねっている。堤のポプラがていていと梢をのばしている。

結局のところ、四時間の予定が九時間かかってビリニュスのホテルに着いた。約束の百七十に五十ユーロのおまけをつけて渡すと、大男が抱きつき、頬にキスをしてくれた。

「今夜どうするね？」

セルゲイは腕を枕に車中泊の身ぶりをした。走り出した車に「ダスヴィダーニャ」と声をかけた。セルゲイとロシア語のおさらいをしたのは午前中のことだが、それが何十年も前の遠い昔だったような気がした。

颪のホテル

ラトヴィア名がリエパーヤ、旧ドイツ名だとリーバウといった。世界地図では、ラトヴィア共和国の首都リガから西に鉄道がのび、バルト海に面した第二の都市リエパーヤと結んでいる。現在はこれが幹線だが、昔は海の道のほうが賑わっていた。ダンツィヒ＝ケーニヒスベルク＝メーメル＝リーバウ。いわばドイツ人用バルチック航路であって、これがさらにドイツ本国のロストクやキールやハンブルクに通じていた。ラトヴィア第二の都市であるが、ここもまた生まれたのはドイツ騎士団の町としてであり、もっぱらドイツ人が町づくりをするなかで発展した。

移ってきたドイツ人は、もう一つのケーニヒスベルクを見つけた気がしたのではあるまいか。地形が瓜二つなのだ。バルト海に面して細長い砂洲がのび、汽水湖を抱きこんでいる。そのためケーニヒスベルクと同じように海から湖水づたいに船が入ってきて、冬でも氷結しない。港のまわりがドイツ人のひらいた旧市、その外にラトヴィア人の新市ができて、数百年間、こともなく共存していた。ラトヴィア人にはドイツ人町が好都合だった。海の道をつたってハンザ都市の商域圏に入っていける。いわば東プロシアの外港といったぐあいで、北欧航路の船が寄っていく。修理のために入港する。ラトヴィア産の木材や皮革や織物が積み込まれた。ハンブルクやブレーメンの商社はケーニヒスベルクに支社を置き、リーバウに出張所を開いて、交易ネットをひろげていった。

八十年あまり前の地図帳で、大日本帝国文部省の検定済。何の標準だか、『標準世界地圖』といって、古なじみの古書店の主人にもらった。昭和二年（一九二七）の発行である。タイトルにそえて「師範學校・中學校・高等女學校地理科用」とあるから、副読本のようにして使われたのだろう。古本屋の親父によると、「おまえさん以外に世の役に立つとは思えない」しろもの。

表紙にはまた「新訂版」と刷り込んであって、「最近に於ける我が國情は世界の經濟地理に多大の注意を拂ふべき必要を認めしめてゐる」……。ものものしい書き出しで新訂の断りがついている。時代の要求に応じるために五十の新図を加えたというのだ。大日本帝国が中国大陸へと乗り出していく矢先であって、「世界の經濟地理に多大の注意を拂ふべき必要」が大いにあった。また第一次大戦後の列強の綱引きの結果、ヨーロッパの領土がめまぐるしく変化した。新しい地図を加えなくてはおっつかない。その新図の一つ「中部歐羅巴」には、ダンツィヒ一帯が赤く塗られていて、「國際連盟保護」と注記がついている。世界的に「自由都市」を共通の呼称としたはずだが、帝国の文部官僚は「自由」の用語を好まなかったのか、地図帳には一貫して省かれている。

ヴェルサイユ条約の結果、旧ドイツ東部がポーランド領となり、ドイツ領東プロシアはドイツ本国と切り離されて飛び地になった。それがここでは帰属を示すために東プロシアとドイツとを同じ淡い緑にして、濃い緑のポーランドと区別している。先にも触れたが、東プロシアのメーメル川以北の三角地帯は東プロシアから分割され、「フランス・イギリス・イタリア・日本」連合国軍統治下に入っていた。わが国がヨーロッパの統治にたずさわった最初で最後のケースであるが、『標準世界地圖』の作者は、シミのようにちっぽけな領土にさして関心がなかったのだろう。東プロシアから線引きをして帰属不明の三角地帯であることを示すにとどめた。その少し上の海寄りに都市のしるしがあって「リバウ」とドイツ名がしるされている。欄外との切れ目すれすれだから、当時の中欧地図では、これがヨーロッパ最北の町だった。リエパーヤ駅は石造りの三階建て。まっ白に塗られていて、いうところの「白亜の殿堂」にぴったりである。ファサードが突き出ていて、上が露台になっており、背後は優雅な半円のアーチのつくり。駅舎と知らなければ大商人の館などと思うところだ。

ドイツ商人の財力がこれをつくった。十九世紀後半になって、鉄道網がリトアニアからラトヴィアへのびてきたとき、いずれ海ではなく陸の蒸気が運輸をになうと予測したのだろう、リーバウ旧市の商人が出資して町まで鉄路を敷いた。駅舎を建てるにあたっては、物資の調達に出向くたびに見かけたコロニアル・スタイルを思い出したのかもしれない。駅舎とくると帝冠様式といった重厚なものが好まれたなかで、リーバウ駅は軽快な南方スタイルをとっている。

英語でたずねると、ラトヴィア人の若い駅員は肩をすくめて奥にひっこみ、しばらくして中年すぎの女性駅員をつれてきた。ドイツ語も大丈夫と伝えると、彼女はホッとしたような顔をした。なるほど、ときおり英語が口から洩れたが、わが片コトと似たりよったりである。町にドイツ人の友達がいて、ドイツ語で話しているとのこと。

「ドイツ人の友達？」

おもわず問い返すと、小さくうなずいた。ドイツ人町に住んでいて小学校の教師をしている。ドイツ人のホテルをお望みなら、わが友がよろこんでお世話するだろう。ユーロの支払いなら、なおのこと歓迎するはずだ。

半信半疑で聞いていた。当地にドイツ人町があるなんてことがあろうか。一九四四年末、ソ連軍の大攻勢がはじまったとき、東プロシアのドイツ人はなだれを打つようにして西に逃れた。戦後に残っていた人たちも、新政権に追い出された。ポーランド、ロシア、リトアニアで見てきたとおりであって、空家になった二百万人分の家作は新住人のものになった。たとえ近年、ドイツから変てこな郵便が舞い込むとしても、半世紀以上にわたる居住権にてらして握りつぶせばいいのである——。

ひとけのない通りを、のんびりと赤い市電が走っていく。教会の塔を目じるしに降り立つと、たしかにドイツの町にいた。赤レンガの壁、窓わくには同じく赤レンガの飾り壁。頑丈な通用門、ドアに刻まれたアール・ヌーボーの装飾は二十世紀初頭のものだろう。玄関の軒にドイツ人の好きな紋章風のレリーフ。

北ドイツの港町によくあるが、一階がレンガ造りで、二階、三階が木造といった界隈もあった。木の壁がケバ立ち、ペンキがはげているのは手入れが悪いせいだろう。相当くたびれたのにも住人がいて、二重窓のうしろにカーテンが下がっている。すりへった石畳と建物とが調和しているのは、昔と変わらず旧界隈が維持されてきたからだろう。

女駅員の友達から連絡がされていたらしく、二階の手すりに頰杖ついた人がいた。顔が合うと、うなずいて通用門を指さした。押せばひらくと手まねをしている。頭が白いので老人とばかり思っていたが、二階で出迎えたのは三十すぎの若い男だった。「ハラルト・ゲルラッハ」と名のり、両手を差し出してきた。つぎの瞬間、がっしりとした肩と腕に抱きすくめられた。人なつっこい笑顔である。髪が雪のように白い。

リーバウを中心とした一地方は、二十世紀の東欧の歴史に風変わりな色どりを添えている。というのは二つの民族の有志が臨時政府をつくり、誕生後まもないソヴィエト政権の大国の辺境に、二十年以上にわたって小さな独立国家をつくっていた。

ドイツ語では「クーアラント」、ラトヴィア語では「クルゼメ」地方という。ドイツ騎士団の消滅後は、大公国として、はじめはポーランド王国、ついで帝政ロシアの保護下にあった。

一九一七年、ロシア十月革命、ついでソヴィエト政権成立。熾烈な内部闘争ののちにボルシェヴィキが勝利を収めた。翌年、リーバウのドイツ人・ラトヴィア人同盟が一斉蜂起して当地のボルシェヴィキ党を追放。「リーバウ一揆」とよばれるもので、リーバウを首都とする共和国を樹立した。ただし、これは現在のラトヴィア共和国とはちがってリガ湾に面する地方を含まず、西に突き出たバルト海沿岸に限られていた。人口約十五万、そのうちドイツ人六万あまり。

すぐお隣りのメーメル三角地帯が四カ国連合国軍政下にあったのに対して、こちらは二つの民族の共同統治の形をとった。日本ほかのメーメル四カ国軍が早々に統治を投げ出したのに対して、クーアラントの小共和国は、まがりなりにも一九四〇年までの二十二年間にわたり存続した。

一九四〇年、ナチス・ドイツ軍がラトヴィアを占拠し、小共和国は第三帝国の北の大管区に併合された。一九四四年のソ連軍大攻勢に際して、いま一度、ドイツ人・ラトヴィア人同盟が成立、「クーアラント軍」とよばれる二民族混成部隊が果敢にソ連軍に抵抗した。ナチズムからの「解放戦争」とよばれたなかにあって、現地人がドイ

ともにリエパーヤの旧ドイツ人町

ツ人と共同戦線を形成した珍しいケースである。

ハラルト・ゲルラッハは自分の住居を「風のホテル」と称していた。どうして風にちなむのかとたずねると、ただ「風が好きだから」と答えた。ペンキのはげた木造の建物に風が吹きこむことはたしかである。夕方ちかく、うっかり窓をあけたままにしていると、風に煽られたらしく、やにわに両開きの窓が激しい音をたてて閉まった。

「スープは何をお好みで？」

コックに早変わりした主人が夕食のメニューをもってきた。居間にあたるところにテーブルが三つ。貸し部屋も三部屋きり。旧ドイツ人町ゆかりの人が訪れては泊っていくそうだ。スープよりもビールをと答えると、いかにも、といったふうにうなずいた。台所へ去りぎわに、ちょっとしたジョークを投げかけてきた。ドイツ人のよくやるサービスである。

「妻が夫にウップンばらしをするとき、どうするか？」

「………？」

こちらがわざと神妙に首をかしげると、さも重大なことを打ち明けるようにささやいた。

「スープの塩っけを抜いておく」

もう一つ、念入りな夫いじめの方法があって、一週間というもの、「カブラ入りのスープ」を出しつづける。

ハラルト・ゲルラッハの父親は、一度は東ドイツへ移ったが、十年たらずでリーバウにもどったという。幸い家屋をゆだねていた人が出ていって、もとの住居に入れた。リーバウには現在も数千を数えるドイツ人がいて、自分たちの学校をもち、ドイツ語の週刊新聞を出している。ソ連邦下に四十年あまりあったというのに、どうして町が存続してきたのだろう？

ドイツ人・ラトヴィア人同盟の過去があってのことのようだ。新生ラトヴィア共和国はリガを首都とし、西の元共和国は脇役と定まったが、リーバウを首都とした独立の歴史は、ロシア人嫌いのラトヴィア人には、誇らかな名誉らしいのだ。ソ連政府は東プロシアの首都ケーニヒスベルクは、過去の栄光一切を消し去るように強引な模様変えをしたが、東プロシアの飛び地のようなリーバウは、ほとんど手つかずのままに残した。

ひとけのない石畳を市電がゆっくりと巡っていく。公園の陽当たりのいいベンチに、杖をたずさえた人々がずらりとすわっていた。遠くから鋲を打つような音がカン高くひびいてくる。港の造船所からのようだ。

はたしてリーバウにも明け渡しを求める人々がやってくるのだろうか。ちょうどそのころポーランドのブロツワフ（ドイツ名ブレスラウ）やポズナン（ドイツ名ポーゼン）で火がついて、旧領地とドイツ人の遺産が問題になっていた。それを取り上げたドイツの週刊誌「シュピーゲル」の多少とも煽動的な特集号を見せると、ゲルラッハは興味深げに頁をめくっていた。それから、首を振った。

ブレスラウは「麗わしのブレスラウ」だった。マーラーはひところ、ブレスラウ宮廷歌劇場の指揮者だった。ケーニヒスベルクもまた栄光につつまれていた。哲学者カントの生誕地はヨーロッパ知識人の夢の町だった。古い世代のドイツ人、とりわけシレジア難民、また東プロシア難民とよばれた人々は、祖父や父の思い出ばなしをくり返し、聞かされてきた。金庫には土地権利証や古いアルバムが大切に収めてある。

これに対してリーバウはまったくの辺境である。汽水湖の港と広大な湿地帯、一面の野菜畑があるだけ。夏はあっというまに過ぎて、長い冬の炉辺では、小共和国時代のことが伝説のように、ときにはお伽噺のようにして語られる。町にはきっと酔っぱらいがいて、ひとりごとを言いながら暗い夜道を歩いている。娘たちはこよなく美しい。星のような瞳をしたラトヴィアの娘たち。この点では、わがハラルト・ゲルラッハと意見がぴったり一致した。

なんでもリーバウにひとり、日本人がいるらしい。空手の先生だそうで、住居は首都リガにあり、リーバウにも教室をもっていて週に何度か通ってくる。名前をたずねると、チャンとかリャンとか口ごもったから中国人のようだったが、ラトヴィア人にとって、日本人と中国人にさしてちがいはないのである。ラトヴィア人とリトアニア人ほどにもちがわない。

翌日、バルト海の夕景を見物に行くと、海辺で勇ましい掛け声がして、子供っぽい顔つきの青年が三人、しきりに体操をしていた。あいまに空手のしぐさをして跳び上がる。隣国リトアニアのカウナスでヨーロッパ大会が開かれるそうだから、そのためのトレーニングらしかった。

「風のホテル」の主人は、いずれドイツからの観光客用にリゾートホテルを海辺に建てるそうだ。そのための貯金をしている。墓参りでも何でもいい。来てくれさえすればいい。バルト三国はいまや経済大国のドイツと結びつかなくては生きていけない。

「スープでもいっしょにどう？」

ドイツ語の決まり文句で、「せめてお茶漬けでも」といった意味。軽くわが家へ誘う言い方。

しかし、年寄り世代には、うかつにスープを出せないそうだ。ある年のこと、リーバウを追われた一人で、ハンブルクで成功した老紳士が数日滞在した。小共和国のころに少年時代を過ごしたが、毎日、おそろしくひどいスープを食べさせられた。いつも目を白黒させながら呑みこんだ。おもわず吐き出して、親に叱られたこともある。

「いつもズボンか、ナフキンをつかんでいないと、スープが喉をこさなかった」そうだ。

以来、「風のホテル」亭主ゲルラッハは夕食のメニューのとき、いちいちスープをたずねるようにしたのだそうだ。

「とんだ長話をした。これではスープが冷めてしまう」

そんなひとことをのこして居間を出ていった。

黄金の門

日本の表記ではグダニスクだが、ポーランド人は「グダンスク」と発音する。一応、日本語の表記に従うとして、バルト海に面した港町グダニスクは、ポーランド民主化のきっかけになった町として知られている。最初は一九七〇年のこと。港湾労働者が自由と民主化を求めてストライキを宣言した。共産党政権は大あわてで弾圧に打って出て、何人もの死者が出た。十年後、同じグダニスクのレーニン造船所を中心にして労働組合が結成され、委員長にレフ・ワレサが選ばれた。このたびは「連帯」と名づけた巧妙な戦術をとって政府と対抗し、流血を見ずに自由と民主化をかちとった。一九八〇年代に東欧全体を巻きこむ大いなる変革の皮きりになった事件である。労組委員長だったワレサは、のちにポーランド大統領に選ばれた。

そのようにグダニスクは輝かしい歴史をもっている。しかし、町の歴史となると、これはいたって新参者なのだ。ためしにダンツィヒとくらべると、おおよそつぎのとおり。

ダンツィヒ　約六四〇年

グダニスク　約七〇年

ポーランドの港町は第二次世界大戦終了の一九四五年に生まれた。ドイツの港町ダンツィヒは十四世紀に始まり、この町生まれの作家ギュンター・グラスが『ブリキの太鼓』のなかで皮肉っぽく語っているが、「クダンツェ」とよばれていた漁村時代にまでさかのぼると、さらに三〇〇年ばかり古くなる。

バルト海に面した土地はもともと、さまざまな人々がゆるやかに住み分けをしていたところだった。ポーランド人、ドイツ人は陸づたいに移ってきた。ロシア人やウクライナ人は川を足場にしてやってきた。スウェーデン人やノルウェー人はバイキング以来の船によった。少数民族のカシューブ人は漁の民であって、海寄りに集落をつくっていた。

そのなかでドイツ人は「ドイツ騎士団」とよばれる武力と技術を合わせもった集団が城を築き、いち早く町づくりをした。ダンツィヒの歴史の「約六四〇年」は、ドイツ騎士団の築城をよりどころにしての数字である。

いかにもいいところを選んでいる。ヴィスワ川はヨーロッパ有数の大河だが、その河口に近く、前方には大きな内海を囲いこむようにしてヘル半島がのびている。自然の防波堤というものだ。ヴィスワの河口は大きすぎて波が荒いので、その支流モトラウ川沿いに城を築き、城壁をめぐらした。正面の大門は金色の紋章をいただくところから「黄金の門」とよばれ、これを入ると旧町、新町、鉤町《かぎまち》といったぐあいに市街地がつづいていた。新町といっても六〇〇年にあまる由緒をもっていた。鉤町は鉤状をした町域の形から名づけがされた。

ハンザ同盟がヨーロッパ北半分の商域をおさえていたころ、ダンツィヒは中心都市の一つとして大いに栄えた。古版画や古写真の伝える美しい街並みは、蓄積された富のあかしというものだった。

第一次世界大戦が町の運命を大きく変えた。それまで「西プロシア」とよばれるドイツ属州の首都だったが、世界大戦終了後のヴェルサイユ条約で、西プロシアはポーランド領となり、ダンツィヒは「自由都市」になった。東にひろがるドイツ領東プロシアは旧来のままとされた。

一九二〇年、なんともへんてこな国境ができた。海沿いを西から東へ順にいくと、ドイツ・ポーランド・自由都市・ポーランド・ドイツ・リトアニア。しかも住人の賛否を問うことなく、一方的に新しい国境が引かれた。「自由都市」は日本語では聞きなれないが、ヨーロッパには古くからあった。都市自体が一つの国同様に自治権、行政権、裁判権をもち、市民代表による評議会が国会の役目を果たす。ダンツィヒ自体、近世のひところ「自由都市」を標榜していた。だが、このたびは「国際連盟の管理による」の一語がついており、九割以上がドイツ人であるダンツィヒ市民の自決による「自由」都市ではなかった。

あきらかに苦肉の策だった。ダンツィヒをドイツから切り離してポーランド領に含めると、当時三十万を数えたドイツ人の行き場がない。やむなく歴史的な「自由都市」を強引に模様替えして、ドイツでもポーランドでもない飛び地のような地域を残した。ポーランド政府は「国際連盟の管理」を信用していなかったのだろう。ダンツィヒ港を見はらす市外の高台ヴェスタープラッテに軍事基地を設け、弾薬庫要員の名のもとに分隊を駐留させた。「自由都市」の見張り役兼威嚇をかねてのことだった。政治的妥協がつねにそうであるように、苦肉の策はどこも満足させなかった。ドイツは東の領土だけでなく重要な軍港を取り上げられた。ポーランドにとっては自国内にあるのに大切な港湾が使えない。ダンツィヒ市民には国際連盟の規制にかかるのが不満だった。ナチス・ドイツが政権を取り、ヒトラー独裁のもとに強権が発動されるとき、つねにダンツィヒが問題になった。人々はそれとなく感じていたのではあるまいか。いまひとたびの大戦を予感させる重苦しい空気のなかで、いずれダンツィヒが発火点になる。二十世紀に甦った「自由都市」が世界を戦火に押しやるだろう――。

一九八〇年のグダニスクと同じように、ひところダンツィヒが世界の注目の的になった。一九三九年初冬から八月にかけてであって、新聞には連日のように「ダンツィヒ」が大見出しになっていた。

「ヒトラー、ダンツィヒ返還を要求」

「ポーランド、ダンツィヒ周辺に軍隊を集結」

「ドイツ、ポーランドにダンツィヒの無条件返還を要求」

「ダンツィヒ自由都市国際連盟高等弁務官、ヒトラーと会談」

「ドイツ、戦艦をダンツィヒ湾に派遣」

九月一日未明、ダンツィヒ湾上のドイツ戦艦「シュレージウィッヒ号」及び「シュレージウィッヒ＝ホルシュタイン号」の二重砲塔から、ダンツィヒ市外ヴェスタープラッテのポーランド軍基地に向けて砲弾が発射された。ナチス・ドイツのポーランド侵攻の始まり。人々が恐れたとおり、バルト海の港町が第二次世界大戦の発火点になった。

いまも述べたとおり、ノーベル賞作家ギュンター・グラスはダンツィヒの生まれであって、代表作の『ブリキの太鼓』『猫と鼠』『犬の年』は、いずれも故里を舞台にしており、「ダンツィヒ三部作」とよばれている。一九二七年、ダンツィヒ市の郊外というか、むしろ場末といっていい雰囲気の町ラングフーアの生まれ。父はドイツ人、母はカシューブ人。ヒトラー政権が成立したのは一九三三年である。生年からもわかるとおり、全ドイツが急テンポでナチズム一色に染められているころに半ズボンの少年時代を過ごした。自伝『玉ねぎの皮をむきながら』は戦争の記憶から語り出されている。

「私が育った町のあちこちで戦争がいっせいに始まったとき、私の子供時代は狭い空間のなかで終わった」

一九三九年十月、ポーランド防衛軍の降伏をラジオの臨時ニュースで知るやいなや、十二歳の少年は市電を乗り継いで戦闘の場に出かけ、爆弾や榴弾のかけらをひろってきた。仲間に見せる宝ものを手に入れたわけだ。戦争の記憶から始めたのは、モチーフをはっきりさせるためだろう。幸運の星の下に生まれたわけではないのである。それも本国ドイツから切り離されて、「自由都市ダンツィヒ」などと称していた奇妙な政治都市に育った。典型的な乱世の子であって、のちに自分をはぐくむもの、それをこまかく跡づけていく。

ナチス・ドイツ末期に「コルベルク」という映画がつくられた。宣伝相ゲッベルスが制作、十八万人のエキストラと六千の軍馬を動員したといわれている。

映画はナポレオン戦争のころで、バルト海沿いのドイツ人町コルベルク（現ポーランド名コウォブジェク）は、ナポレオン軍に包囲されたなかで果敢に戦った。そんな歴史をとりあげ、士気高揚のためにつくったらしい。ゲッベルスはアメリカ映画「風と共に去りぬ」に対抗するつもりだったが、すでに首都ベルリンも猛烈な空襲にさらされていた。敗色濃い状況のなかで、どれほどの「高揚」をはたしたものか。

ギュンター・グラスの自伝『玉ねぎの皮をむきながら』には、第四章の「いかにして恐れを知ったか」に出てくる。十五歳で召集を受けて二年後のこと、休暇を利用して郷里ダンツィヒから列車を乗りついでベルリンへ出かけた。母方の叔父が映写技師をしていて、そのつてで上演会場にもぐりこんだ。超大作国民映画にグラス幼年兵が何を思ったかは述べられていない。ただ書きそえてある。エキストラとして動員された若者のうちかなりは、まもなくロシア・ポーランド軍に包囲され、「名誉の戦死を撮影されることもなく」死んでいった。休暇が終わって帰ったとき、幼年兵には「武装親衛隊配属命令」が待っていた。戦車師団所属のこと。

ノーベル賞作家ギュンター・グラスの「過去」が、ひところドイツのマスコミを騒がせた。第二次世界大戦末期に、SSの名で恐れられた親衛隊に属していたのに、戦後ずっと沈黙していた。テレビ、新聞がいっせいに報道した。「識者」とよばれる人たちが沈黙を批判した。たえず社会に発言してきた作家グラスに対して、その二重性をなじる人、失望を口にする人、「ノーベル賞返上」を促す声も出た。

その後、約二カ月、非難や失望の声は急速に消えていった。ギュンター・グラス自身がテレビに出て、質問に答えた。また公開のかたちで、若手の批評家や論客との対

ダンツィヒ旧港

ダンツィヒの夕景

話討論をした。いずれも翌日には、それが新聞紙上にくわしく再録された。ドイツには「シュピーゲル」「ツァイト」といった良質の週刊誌や新聞がある。それぞれが特集を組み、「ギュンター・グラスの戦後」を検証した。武装親衛隊がいかなる「親衛隊」であったか、歴史家が解説した。戦争の進展とともに慌ただしくつくられた組織であって、「十七歳以上」をかき集め、絶望的な戦線に投入した。

マスメディアはセンセーショナルに騒ぎ立て、ひたすら煽って、すべてを型どおりにはめこみ、うむをいわさず葬りたがる。そんなマスメディアの特性に対して、一貫した努力がつづけられた。ひろく議論をして、歴史を正確に見直すこと。言葉が売り逃げの商品ではなく、真実に近づく道具であることを実証する――。「グラスの場合」が一つのみごとな実例になった。

自分の過去ではなく、新作の小説でギュンター・グラスが物議をかもしたことがある。まだノーベル文学賞を受ける以前のこと。そのときも口さがないジャーナリズムは遠慮がなかった。それにドイツ人にとって、すこぶるデリケートな問題を扱っていたからだ。旧ドイツ領の東プロシアやシレジア地方から追放された人々をとりあげており、そこに土地、財産を残してきた。そろそろ祖父や父の遺産を請求しても悪くはなかろう——。

小説のタイトルは『鈴蛙の呼び声』といって、主人公は、ともに六十をこえた男と女。ちょっとした偶然が二人を引き合わせた。時は一九八九年十一月二日。ギュンター・グラスは日時を巧みに設定していた。「ベルリンの壁」崩壊のちょうど一週間前であって、プロテスタントでいう「諸魂日《しょこんび》」、カトリックでは「死者の記念日」にあたり、キリスト者がこぞって墓参りをする一日である。

所はポーランドの港町グダニスク。小説の男女も、この日、墓地に向かうところだった。花屋に寄って、星形をしたアスターに手をのばしたところ、二人の手がぶつかった。それがきっかけ。ともに少なからぬ事情の過去をもち、その間の死者たちを弔うための墓参りだった。

男はドイツ南部の大学で美術史を教えている。ごく穏健な人物で、学生間に「蛙」のあだ名があった。世の動向に応じて色を変え、めだたないのを信条にして、じっと一つ所にはりついている。そういう人物が未知の女と出会い、死者の弔いに出かけてから、ある着想を抱いた。日ごろ腰の重い人が、世に訴える運動をはじめる。デリケートな問題とは、この運動のことだ。「ドイツ・ポーランド墓地協会」の設立。旧ドイツ領から逃れ、あるいは追われた人々のための組織であって、会員になると、一つの特典が与えられる。つまり死後には、望むところに葬られる。名づけて「宥和《ゆうわ》の墓地」。強いドイツの資金が買い上げた土地に死者が葬られる。まずはダンツィヒやブレスラウといった、かつての代表的なドイツの都市。ついで中都市、また小都市にも「墓地協会」が設立をみる。死者たちがひと足早く、望郷の町に帰っていく。

「いたるところで種は発芽しています。つぎには、シュトルプ、アレンシュタイン、ヒルシュベルク、ブンツラウ、グライヴィッツで開設が予定されております……」

ギュンター・グラスは旧東プロシアの中小都市を順にあげていって、さりげなくアウシュヴィッツの隣町グライヴィッツをまじりこませた。

タイトルにある「鈴蛙」は腹部が赤い蛙で、ガラスの鈴を鳴らすような声で鳴くのでこの名がついた。いっせいに鳴き出すと、のどをふくらまして「大変だ、大変だ」と叫んでいるように聞こえる。ドイツの童話では災いの到来を知らせる動物になっており、災難を呼び寄せるというのだが、もともとは災いばかりでもなかったようで、昔は鈴蛙の知恵を伝える詩もあった。悪い時代がつづくうちに災いの先触れ役になってしまった。

一人の作家の頭をかすめた皮肉な着想だけではなかった。ドイツ統一のあと、さまざまな問題が明るみに出てきた。東西間の格差、蔑視と憎悪、外国人排斥。ついでこれまで顕在化していなかった一つのことが、おりにつけドイツ・ポーランド間の政情をゆるがしている。ひんぴんとドイツからポーランドの家庭に配達証明付きの郵便が舞いこむからだ。土地、家屋の明け渡しを要求している。ほぼ同じ書式によるのは、しかるべき組織が一役買っているからだろう。ギュンター・グラスの小説では、死者の里帰りだったが、現実のほうが小説的で、生者が堂々と予告つきでやってくる。

*

旧ダンツィヒ、現グダニスクは美しい町である。大戦末期に市中の九五パーセントが破壊されたが、大半がみごとに復元されている。旧市にもどすにあたり、町当局はドイツのオリジナルに若干の「ポーランド色」をつけ加えたというが、異邦人にはそこまで見分けがつかない。大通りの巨大な門には獅子や天使たちに守られたドイツ騎士団の姿が見える。町の創建者のかたわらに、ちゃっかりとポーランド王の紋章が入れこんである。そんな「黄金の門」をくぐると町きっての目抜き通りで、北ドイツにおなじみの赤黒いレンガ造り、ゴシック風の町屋、ルネサンス様式、高塔をもつ旧市庁舎……。

大戦終了直後の写真では見渡すかぎり瓦礫の山なのに、それがどうして古版画そのものの市街に変わったのか、魔法を見ているような気がするが、ヨーロッパの都市復元の伝統は奇蹟をあざやかに実現する。継続しなくては歴史が失われてしまうからだ。ことあれば建物をそっくりぶっ壊して更地に変え、そこに最新型の建物を建てる日本流とは、およそちがった考え方と歴史の見方にもとづいている。

ダンツィヒ旧港はとりわけたのしいところだ。支流の河口部を中心とする旧港は船の大型化とともに用向きをはたさなくなり、それがよかった。ここには帆船がいまなお健在で、港巡りや半島行きの観光船が満艦飾の旗をひるがえして出入りする。河岸にはバルト海名産の琥珀《こはく》売りの露店が並び、抜けるように肌の白い娘たちがのんびりと店番をしている。海風が金髪をなびかせるとき、さながら生きた琥珀のようだ。

大戦の発火点ヴェスタープラッテは、現在はあっけらかんとした高台だ。かつてポーランド基地に弾薬を運んだ鉄道の線路だけが、ところどころ残っている。建物はすべて撤去され、防空壕は埋められた。石づくりの前衛芸術のような記念碑のほかは簡素な無名戦士の墓と小型の戦車が一台。セメントで固めた高台はローラースケートに打ってつけなのだろう。少年たちが歓声を上げ、こちらもやはり金髪をなびかせながら、まるで水すましのようにせわしなくすべりまわっていた。

そのときの旅では、私は旧ダンツィヒ港に近い小さなホテルで三日過ごした。その間、父がドイツ人という宿の老婦人に話を聞いた。一九三九年九月一日の前日、一家で海水浴に出かけたそうだ。ヴェスタープラッテの西方を「ブレーゼン浜」といって、きれいな砂浜の海水浴場だった。沖にはたしかに戦艦が停泊していたが、それはポーランド軍を威圧するためであって市民の大半はヒトラーの強硬策を、いつものジェスチャーだと思っていた。

すっかり陽灼けしてもどってきた。肌がカッカと熱く、なかなか寝つけない。やっと寝入ったころ、「ズシン」と腹にひびく音で目がさめた。戦艦からの砲弾がヴェスタープラッテの高台で炸裂した音だった。

「そのとき、どう思われました？」

ぶしつけにたずねると、老婦人はどこか遠くを見るような目つきをした。それからひとりでクックッと笑いながら、「戦争になるなんて夢にも思っていなかった」と言った。ブレーゼン浜から市電でもどるとき、父にせがんでイチゴアイスクリームを買ってもらった。市中の停留所で下車した拍子に、まだ半分残っていたアイスクリームをウェハースごと石畳に落としてしまった。ベッドの中でそのことを思い出して、またもやくやしくてならなかった。そのあとまたぐっすり寝入ってしまった。

「娘のころって、ほんとにたわいないこと」

歴史書によるとナチス政府幹部はポーランド攻撃を「ファル・ヴァイス」(「白」事件)の暗号でよんで、着々と準備をしていた。九月一日の攻撃開始は午前四時四十五分。育ち盛りの娘にはいちばんねむいころであって、また寝入ってしまっても当然の時刻だった。

死せる魂

ベルリンの東駅付近は、ドイツ統一後にとりわけ大きく変化した地区の一つである。「壁」が崩れたすぐあとに、私はいちど、その辺りを歩いたことがあるが、東ベルリンに特有の薄汚れた建物が並び、昼間でもあまり人影がなかった。おおかたが十九世紀末に建てられ、俗に「賃貸し宮殿」とよばれたアパートで、やたらと装飾がついていた。女神像が軒を支え、柱頭に神話世界の顔が刻みつけてある。その女神の片腕がもげたり、柱頭が欠け落ちて、黒ずんだレンガが剝き出しになっていた。

統一後しばらくして、西側の資本がドッと旧東ベルリンに流れこみ、いっせいに取り壊しや改築、改装がはじまった。東駅は「ミッテ」とよばれるベルリン中心地区と隣り合わせにあって、足の便もいい。この十年ほどで駅付近のたたずまいが一新した。二十一世紀の賃貸し宮殿は鉄とガラスで出来ている。女神像に代わって色鮮やかなオブジェが突っ立ち、軒には銀色の鏡がはめこんである。旧の建物を改装したものはどこかチグハグで、いかにも重厚な窓ごしに無機的なコンピュータや白いメタル製の事務機器がのぞいている。

中心地区には銀行や保険会社やコンツェルンの高層ビルがそびえているが、東駅付近は建物が小振りで、あきらかに中小企業の会社名が並んでいる。大変動期のおこぼれを狙って事務所を開いたといったのも少なくない。その手のビルは玄関口に、入居者プレートが重なり合うようにひしめいているものだ。

「ドクター・マイヤーの東プロシア旅行社」もそんな一つで、駅前通りから一つ裏手の改装ビルに入っている。事務用の部屋が二つ、奥に調理場つきの小部屋があって、休憩室兼文書保管室。東独時代は、つましい市民の住居だったのではあるまいか。

それをガラスと新建材でハデやかにつくり変えた。正面の壁一面にカラー写真をあしらったポスターが貼ってあって、それぞれにキャッチコピーがついている。

「バルト海の女王ダンツィヒ（緑の門、ネプチューンの泉、マリア教会、ヘラ半島周遊）」

「東プロシアの黄金ケーニヒスベルク（カント廟、大聖堂、旧オペラ座）」

「ドイツ騎士団の古城マリーエンブルク（琥珀海岸、聖ニコライ教会、旧グランドホテル）」

カッコのなかは、合わせて訪れるところらしい。三日間、五日間、一週間と、いろいろなコースがあって、組み合わせができる。全コース、リムジンバス・二食付・三つ星ホテル。

三つ星ながら「全室トイレ／シャワー付」とあるのは、バスルームがないケースもあるからだろう。ポスターの上に手書きの帯が斜めにつけてある。

「懐かしの過去を旅しよう！」

「あなたの祖父や父の故里を発見しよう！」

「バルト海の美と遺産を満喫しよう！」

たしかマイヤー夫人はデザイナーと聞いているが、飾りつけがなんともヤボったい。そのことを言うと、ヤボったいほうがいいのだとドクター・マイヤーは答えた。

「プロフェッサー、いいですか、これはノスタルジア産業ですからネ」

思い出観光であって、東プロシアにさまざまな思い出のある人を顧客にしている。このところバルト海沿岸がリゾート地として整備されてきたので、少しずつ若い層にもひろがってきたが、そういう連中は勝手に車で行く。ツアー希望は大半が年輩者であり、それも年金組が多い。あまりシャレたつくりにすると、彼らに敬遠される。

ドクター・マイヤーは鼻ひげに肥っちょなので貫禄があるが、まだ三十代だろう。もとより東プロシアの記憶も思い出のかけらもないが、大学で東欧史を勉強したので知識はたっぷりそなえている。学者をめざしたが、とてもポストにありつけそうにないとわかって転身した。

ドクター・マイヤーが私を〝プロフェッサー〟とよぶのは、べつにこちらの前歴のせいではない。〝イケウチ〟という日本名が言いにくいので先生《プロフェッサー》で代用しているまでである。やたらに東プロシアにくわしい奇妙な東洋人に、多少の敬意をこめてかもしれない。

ドクター・マイヤーの車で、いちどコルベルクまで遠出したことがある。バルト海の港町で、現在はポーランドだが、かつては永らくドイツ領だった。

国境のオーデル川を越えると、最初の大きな町がシュチェチンである。戦前はドイツ名シュテッテンとして知られた港湾都市であり、この地の工業の中心だった。煙突の林立しているところを抜け、さらに北上して海沿いを走った。古い赤レンガの建物や教会と行き合うたびにドクター・マイヤーが車をとめ、ながながと説明するので閉口した。私はこの地方の旧ドイツ時代の建物にさして関心がなかった。コルベルク行をたのんだのは、グラス少年兵が、これ一つにすがるようにスクリーンをながめていた映画の舞台を見ておきたかったからだ。

『ナチス・ドイツ時代の映画』といった本には、きっと「国民映画の大作〝コルベルク〟」が出てくる。ヒトラーの片腕だったゲッベルスが一九四四年に企画し、十八万人のエキストラを動員したといわれている。主演ハインリヒ・ゲオルゲ、ウーファー社製作、オールカラー。この点では、たしかに国民的大作だった。

すでに述べたように歴史映画であって、時はナポレオンのころ、ドイツ人町コルベルクがフランス軍に包囲されたなかで果敢に戦い抜く。英明な指導者と、勇猛な市民たちの物語。ドイツ軍の敗色濃い状況にあって、ドイツ国内の大半の都市は激しい空襲を受け、映画館そのものがふっとんでいた。わずかにナチの高官たちが寒々しい前線本部で観賞したらしい。

ストーリー自体は実話である。実際、ナポレオン軍に攻められたが市民たちが守り抜いた。ナチス・ドイツ幹部連とはちがい、こちらには英明なリーダーがいたわけだ。

コルベルクは塩の生産で知られている。伝説によると、十世紀のはじめ、コルベルクの伯爵が狩りに出かけたところ、愛犬が野獣に襲われた。全身を爪で裂かれて、息もたえだえ。ためしに海水で洗ったら、地の底にとどくような声を上げた。乾いたとき傷はふさがり、全身に水晶のような塩粒がついていた。

わが国の「因幡《いなば》の白ウサギ」の昔ばなしとよく似ている。ともにそれとなく塩田技術のはじまりを伝えるものではあるまいか。塩の町コルベルクはハンザ同盟に加わり、商船を擁して大いに栄えた。ナポレオンがわざわざ北方の海岸都市へ大軍をさし向けたのも、町に蓄積されていた富を狙ってのことだった。

現在はポーランド名でコウォブジェク、広い砂浜は塩田ではなく、夏のリゾートに使われている。ドクター・マイヤーによると、バルト海沿岸のなかでも、とりわけこの辺りは砂の粒が小さくて白いそうだ。塩はつくっていないが、塩分を含んだ水を瓶詰めにして売っている。海風と鉱泉水が呼吸器疾患にいいとされていて、近年、別荘やサナトリウムがめっきりふえた。どうやら「東プロシア旅行社」は、そんな情報や土地の斡旋にも、ひとくち嚙んでいるらしかった。

おしゃべりなドクターを車に置き去りにして、私は桟橋の先まで歩いていった。おだやかな眺めだった。波はほとんどない。海の匂いもしない。夏のシーズンに入る前

バルト海の夏のにぎわい

コルベルクの浜

のことで、親子づれが一組、栈橋にたたずんでいた。もう一組が砂浜を歩いていた。父親が子供を肩車して、古びた灯台を見上げている。

栈橋のかたわらに沿岸を図解した標識があった。バルト海に青線と赤線が引かれていた。青は深海ルート、赤は浅海コース、黒い点々は岩礁のあるところ。標識の右はしに矢印がついていて、軍艦のマーク。たぶんロシア海軍の基地のしるしだろう。旧ロシア帝国、ソ連邦時代、さらに新生ロシアになってからも、バルト海は重要な海軍基地なのだ。一九〇五年、バルチック艦隊は深海ルートをとって極東へ向かった。地球を一周するほどの距離をまわり、ようよう日本海にたどりついたのだもの、満を持して待ちかまえていた日本海軍に敗れたのも、半ば当然のことだった。

それから四十年後の一九四五年一月、ナチス・ドイツの誇る豪華客船グストロフ号が同じ深海ルートをとって西へ向かっていた。客船ではあれ、乗り合わせていたのは優雅な船旅の客ではなく、東プロシアから逃れてきた避難民であり、乗り合わせたというよりも、積荷満載の貨物船のようにして詰めこまれていた。以後の経過は、はじめの章で述べたとおりであって、夜半ちかくソ連軍潜水艦の魚雷をうけて沈没した。その夜、バルト海一帯は吹雪いており、水温マイナス十八度。実数九千余とされる死者の一方で千人あまりが助かったのが、むしろ奇蹟にちかかった。

助けられた人々は、翌朝、コルベルクに上陸した。どのような姿だったのか、何も伝わっていない。記録をのこすには、あまりに悲惨なありさまだったせいかもしれない。

船から降り立ったときのものはないが、船に乗り込むときの写真は旅行中に少し手に入れた。そこからあらためて再現すると、ダンツィヒと北隣りのグディニア港にかけて、さらにその先も人と荷物でひしめいていた。どこまでもつづく長い列だった。東プロシアの海辺から、あるいは内陸のサムランドやマズーリ地方から逃れてきた。列の最後尾は比較的近い工業都市エルビングからの避難民で、ソ連軍の戦車部隊突入のニュースが伝わっていた。

馬車や荷車、さらには乳母車に荷物を積んできた人もいた。誰もが疲れはて、うずくまっていた。あるいは手荷物によりかかっている。主人を失った犬が腹をすかし、目を血走らせてうろついていた。

おおかたの人が身一つでやってきた。住みなれた家、代々にわたって耕してきた畑、家族同様に可愛がっていた鳥や牛や羊、さらに店や工場、すべてをあとに残してきた。

なかには使いなれた作業台や道具を捨てきれず、荷車に積みこんだ人もいた。途中まで引いてきたが、やがて雪中に放置した。

壮年の男子はほんのわずかで、大半が老人や女や子供だった。老農夫、恩給暮らしの元役人、教師、職工……。地獄のような逃避行ののち、やっと港までたどりついた。ラジオはヒトラーの演説とともにドイツ軍の「秘密兵器」のことを伝えていたが、それがお伽噺であることは事実が示していた。逃れてくる途中に人々は多くのドイツ兵の死体を見た。戦死者が放置されたままだった。認識票はむしり取られており、ソ連兵が勲章申請用に集めているとの噂があった。

出港からの経過は、はじめに述べた。ダンツィヒ湾の前方には防波堤のようにヘラ半島がのびている。その手前で一時停止。護衛艦を待つためだった。三隻の予定だったが、やってきたのは古ぼけた駆逐艦一隻のみ。

午後から天気が崩れて吹雪になった。夜、九時ちかく、一時的に吹雪が収まり、視界がひらけた。九時十六分、ソ連軍潜水艦Ｓ13号より魚雷発射。四発のうち三発が命中。グストロフ号は通信室の機材が破壊されて通信不能。ＳＯＳ信号は駆逐艦が打電した。

「魚雷命中、沈没の恐れあり、至急救助を乞う――」

つづいて刻々と沈没の模様を伝えた。

「シュトルペ海域。北緯55度7分、東経17度42分、救助乞う、救助乞う……」

最初の救助船の到着は、ようやく七時間後である。探照灯で照らすと、見渡すかぎりの死体と遭遇した。氷片と氷塊のあいだに漂っており、たとえ息のある者がいても、ほんの少数にちがいない。とにかく船を乗り入れたところ、まだ息のある者がスクリューに切り裂かれた。

ハンブルク生まれのドクター・マイヤーがベルリンの新開地で「東プロシア旅行社」をはじめたのは、母方の伯父の一人が東プロシアからの避難民だったせいらしい。学生のころ、何度か会って話を聞いたそうだ。すでに高齢で、舌をもつれさせながら、悪夢のような体験を話してくれた。

伯父はダンツィヒの東の軍港ピラウから乗船、無事、キールまで運ばれた。同じ日にべつの船に乗った人は、魚雷を受け、船が古い蒸気船であったこともあり、十分たらずで沈没。乗船者二千人のうち、生存者はわずか三百人たらずだった。

なんとかグストロフ沈没の悲劇を生きのび、コルベルクに上陸した人々には、さらに苦難が待っていた。臨時の収容所に入れられていたが、二月末、歴史はくり返すことになった。コルベルクの町は赤軍とポーランド部隊に包囲された。おおかたが女、子供、老人の町に市民軍は組織できない。海路によって救出するしかなく、またもや桟橋が人で埋まった。

バルト海沿いの町は、すべて占領されるか、あるいは包囲されていた。ダンツィヒも陥落。ソ連軍部隊がヘラ半島への道を遮断、西のオーデル川沿いも激しく攻められていた。

英米空軍による大空襲により、古都ドレスデンが一夜にして瓦礫の山になった。ベルリン、レーゲンスブルク、ハンブルク、……。町々が破壊されていく。東プロシアから逃れてきた人々は、さらにどこへ逃れるか、あるいはどこにとどまるか、まるであてがなかった。

ドクター・マイヤーの事務所の奥の小部屋のキャビネットには、へんなものが詰まっていた。旅行会社にパンフレット類はおなじみだが、そうではないのだ。黄ばんだ文書がどっさり束ねてあった。わが国でいえば土地権利証である。あるいは家屋売買契約書。どれも古い日付で、ものによっては百年以上も前の帝国ドイツの紋章入り。書記官が書いたらしく、気どった書体でこまごまとしたことが書き入れてある。そんな一枚は綴りの尻尾が同じ調子にハネてあって、一幅の絵図のように見えた。

ドイツ統一のあと、旧東ドイツ政府管理の文書がどっさり出た。半世紀あまりタブーであったことをめぐる秘密文書もまじっていた。うっかり糾弾すると、思惑がらみで極右グループに利用されかねないしろものだ。東欧史専攻の学生だったころ、そんな文書整理を手伝っていて、黄ばんだ文書と出くわした。

そのあとは、みずから権利証や契約書を集めはじめた。当事者が行方不明か、死亡して相続者がわからないもの。ノスタルジア旅行のお伴のとき相談されて預ったのもある。旧東プロシアの権利証は、ドイツ政府が権利を放棄したからには、三文の価値もない。そのはずであるが、マイヤー氏によると、政治の動きはわからない。政権が保守政党に移ると、さてどうか。三文が十倍にも百倍にもなりはしないか。

コルベルクの東寄りのバルト海の保養町には、ドイツ人たちによる立派な石碑が建てられている。

ヴィルヘルム・グストロフ号
バルト海沖沈没
五十周年記念
一九九五・一・二八―三〇

遭難で生き残った人々は年ごとに少なくなっていくが、旧ドイツ領の失地回復同盟は年々、盛大な集会を開いている。政治家が駆けつけ、支援と連帯の挨拶をする。保守政党には大切な支持団体であって、政権が代われば、失地回復までには至らないとしても、失った財産に対する国家保証が実現しないともかぎらない。そのときには黄ばんだ文書がモノを言いだす。代理人としてもしかるべき手だてがうてる。

「プロフェッサー、いつだってここが関係しますからね……」

ドクター・マイヤーは人指し指で自分の額をつついてみせた。頭の使い方しだいで道がひらけるというのだろう。

「夢をもつのは悪いことではない」

そんな意味のことを私が答えると、「いかにも」というようにうなずいた。東プロシア自体、まこと夢のような国であって、もはやどこにも存在しない。しかし、たしかに地上に存在したのだし、七百年もの歴史をもち、地図にもきちんと色分けされていた。

得意げに古文書をめくっているドクター・マイヤーをながめていて、私はゴーゴリの小説『死せる魂』を思い出したものである。帝政ロシアの地主たちは多くの農奴をかかえ、一人、二人が死んでも、面倒なので届けなかった。戸籍上は生きているが、実際は「死せる魂」であって、それを買ってまわる男、チチコフという小悪党の物語である。罪のない小羊である「魂」を利用して、ひと稼ぎもくろんでいた。

現代ドイツのチチコフはコルベルクの浜辺で、車から両脚を投げ出し、バルト海の初夏の陽ざしをあびながら新聞をひろげていた。ポーランド、ついでバルト三国のEU加盟が実現して、とりわけ東ヨーロッパがめまぐるしく動いている。旅行シーズンの到来に合わせ、いろいろ思惑があるらしい。

ドイツ時代の遺産である年代物の灯台は、いまも使われていた。まわり階段がついていて、上の展望台にのぼっていける。手すりにもたれ、しばらくバルト海の風にふかれていた。ドクター・マイヤーが新聞から顔を上げ、こちらに向かって何やら言ったが、風に煽られて聞きとれない。むろん、彼は、日本のプロフェッサーが『死せる魂』を思い出しているなど知る由もない。私は自分の底意地の悪さに、つい思わず苦笑した。

＊

私の「東プロシアの旅」はここで終わる。ベルリンの東、オーデル川の国境をこえて三度までも旅をするとは、我ながら予想もしなかった。何やら憑きものに憑かれていたような気がしないでもない。

現在でもドイツの市販の地図には、ブロツワフ（ブレスラウ）、ポズナン（ポーゼン）、カリーニングラード（ケーニヒスベルク）といったぐあいに、現在の地名に旧ドイツ名が添えてある。発行元によってはドイツ名を大きくしるし、現地名を小さくあてた地図もある。くり返し語ってきたように、永らくドイツの国土であったからだ。古いところは中世にさかのぼる。新しいところでも十九世紀初頭、プロシア（プロイセン）王国の膨張につれて東にひろがった。開拓期を入れると二百年の歴史に及んでいる。

東プロシアは行政的には属州にあたるが、南のシレジアはドイツ人を主体に成立した誇り高い王国だった。その地の人々にとって首都ブレスラウは栄光の都であり、マーラーはひところ、ブレスラウ歌劇場の指揮者だった。トーマス・マンは『ヴェニスに死す』の主人公を紹介するのに、わざわざ母親が「ブレスラウ宮廷の女官」だったと書いている。同世代のドイツ人には、ただそれだけで、ある華やぎとノスタルジアのいりまじったイメージが伝わったからだろう。

この点では東プロシアと同じだが、首都のほかは、おおむね小都市で、町並みがつきると牧草地、あるいは広大なジャガイモ畑がひろがっている。夏は短く、冬が長い。冬の炉辺で土地にまつわる不思議な物語が語りつがれた。村にはおなじみの酔っぱらいがいて、凍りついた雪道を何やらわめきながら通っていく。それに白い肌にそばかすをちらした青い目の少女たち――。

ロシアやプロシアが強国になるにつれて、シレジア王国はその脅威にさらされ、やがて政治的取り引きのなかで「割譲」された。ひらたくいえばぶん取られ、むしり取られ、巻き上げられた。ヒトラーは同胞ドイツ人の「帰属」の名のもとに、国土もろとも第三帝国に組み込んだ。これも東プロシアと同様にナチス・ドイツの崩壊に際して、シレジア・ドイツ人約三五〇万人は身一つで西に逃れた。東プロシアとちがうと

「別冊シュピーゲル」表紙

ころは、海路ではなく陸路であったことだ。やがて国境線が引き直され、残っていたドイツ人は本国に追いやられた。

第二次世界大戦末期に始まるドイツ難民をめぐり、ドイツでは何年かに一度、マスコミが特集を組んでとり上げる。もっとも一般的な一つだが、ドイツの代表的な週刊誌「シュピーゲル」は二〇〇二年に「別冊シュピーゲル」として、まるまる一冊をこのテーマにあてた。「東方からの追放をめぐるシュピーゲル・シリーズ」と添え書きされているのは、同誌で連載してきたものをまとめたからで、「新しい写真、ドキュメント、ルポ、分析」により、連載分をいっそう充実させた旨を伝えている。東西ドイツの統一のあと、旧東ドイツ政府の秘密文書があいついで公開され、これまで噂にとどまっていたことの真偽が判明した。あるいはタブーであった問題を発表できる。ドイツ「難民」のテーマに対してマスコミが勇み立つのも無理はない。

日本で報じられることはめったにない。たまに満州、また中国大陸から身一つで引き揚げてきた人々、あるいは旧ソ連によるシベリア抑留者が語られるとき、ドイツ人の場合が言及されたりする。そのため似たようなケースと思われがちだが、歴史とスケールがちがいすぎる。日本人の大陸進出は帝国陸軍の侵略と連動して、数十年の歳月と数十万人の出来事だったが、ドイツ人の東方進出は数百年の歴史にわたり、難民の数は一千万人をこえるのだ。

私の知るかぎり例外的に一度だけ、朝日新聞が朝刊二ページをあててドイツ難民問題を特集したことがある。(二〇〇六年十二月十七日付)。

「『被害』を語り始めた独」

そんな大見出しがついていた。なぜ二ページも費やす記事にしたのか。その年の夏からベルリンで大きな資料展が二つ、競うように催されていて、その反響の大きさからのようだった。どちらも「ドイツ旧東部領を含む東欧」からの強制移動をテーマとした。「強制移動」は政治的にボヤかした表現で、居住地から追い出され、家も土地も財産もすべて失った人々である。数でいうとドイツの総人口の七人に一人はそれにあたり、当然のことながら資料展を多くの人が訪れた。

大見出しの「被害」がカッコつきなのは、これまでドイツ人は加害者であっても被害者ではなかったからだ。ナチス・ドイツによる侵略戦争とユダヤ人大量虐殺はひろく知られている。ひたすら加害者としての責任が強調され、ドイツ人の被害は禁句になっていた。それが戦後六十年を経て、ようやく「被害」を語る動きが出てきた。

その特集には「ドイツ・ポーランドからの避難・追放民（一九四四—四八）」の図解がついていた。ベルリンで展示された資料を基に作製したというが、強制移動を示す矢印は二種あって、一つは「ドイツの避難民と被追放民」、もう一つは「移住を迫られたポーランドの人たち」。なぜ二種にわたるのかは、戦後処理を定めたポツダム協定と、当時のソ連、ポーランド事情を知らないとわからない。

日本の無条件降伏を勧告したポツダム宣言は知られているが、米英ソの戦勝国によるポツダム会談では、ドイツの戦後処理に関するポツダム協定が取り決められていた。そこでは戦争犯罪人の処罰、ドイツの非ナチ化、非武装化のほかに、オーデル・ナイセ川より東のドイツ領をソ連・ポーランドの管理下に置き、その地域に住んでいるドイツ系住民をドイツ本国へ移住させることが決められていた。

「ソ連・ポーランド管理下」と二国があげてあるが、これも政治的偽装である。ナチス・ドイツの侵攻にあってポーランド人は国を失い、政府要人はイギリスに亡命。ロンドンにポーランド亡命政府が樹立された。アメリカ、イギリスとも大戦中は亡命政府を正式のポーランド政府と認めたが、ソ連軍がポーランド解放を果たして以後、ソ連の庇護を受けて成立した国内政府を正式の政府とした。つまり「ソ連・ポーランド管理下」は文書上のあやであって、「ソ連管理下」とかわらない。そしてソ連政府はポーランド東部、当時のポーランド領の三分の一をソ連領とし、かわりにドイツ東部領をポーランドに与えた。そのためポーランドは約二五〇キロ西へ移った。一つの国が、これほど大きく移動したケースは珍しいだろう。

国境は一本の線引きですむが、人間は徐々に移さなくてはならない。まずドイツ人を追い出し、あいたところにソ連領となったところのポーランド人を移動させる。これほど大量の引っ越しがあったケースもまた歴史に珍しい。四年がかりの集団引っ越しになった。東部ポーランドから移住を迫られたポーランド人は、まだ恵まれていたといえる。住みなれた家を捨てねばならなかったが、家財は運んでいけたし、旧ドイツ東部領の新しい住居には、カーテンから家具類、台所用品すべてそなわっていた。当時の生活水準に照らすとき、少なからぬポーランド家族が、引っ越しによって夢のような住居にありついた。

加害者に、自分の被害を主張する資格があるのか。これまで自制してきたドイツ人が、経済力を背景にして自制をかなぐり捨てたのか。特集はその種の一面的な解釈ではなく、背景に戦後ドイツの「過去の克服」の実績を見ていた。とりわけ膨大な被害を与えたポーランドとの和解の歴史をたどり、関係改善の軌跡をとりまとめていた。西ドイツのブラント首相がワルシャワのユダヤ人ゲットーの記念碑の前で、ひざまずいて謝罪したのが象徴的だった。ドイツはナチスの犯罪を認め、謝罪と補償をつづけてきた。ほかにも歴史教科書の基盤づくりにおける歴史認識の共有、若者の交流プログラムなど、さまざまなレベルで結びつきを深めてきた。ポーランドがEUに加盟したのも、ドイツの強い支援があったからである。ちょっとしたきっかけで、すぐさまツノ突き合う日本と中国、日本と韓国のケースとは大きく異なる。過去の克服の実績あって、ようやく被害の側面に目をやることができる。それも加害を相対化するものではなく、被害者としての歴史もまた歴史的真実であって、いずれは直視すべきものなのだ。

「02年、ノーベル賞作家ギュンター・グラス氏（79）が小説『蟹の横歩き』を出版した」

「歴史の直視」の先例としてグラスの小説があげられていた。ドイツ避難民約一万人を乗せた船がソ連軍の魚雷攻撃で沈没し、約九千人の犠牲者が出た。ナチスの過去をもっとも厳しく糾弾してきた作家が、被害者としてのドイツ人の悲劇を描いた。私の翻訳書は、さして手に取られぬままに書店の棚から消えていたが、それが久しぶりに脚光をあびて、訳者をよろこばした。

オーデル川の東へ三度目の旅行を思い立ったのは、そんなことがきっかけだった。ベルリンの資料展の一つは強制移住の当事者である「被追放者同盟」の主催だった。そこでは領土回復はさしおいて個人財産の保証が熱っぽくうたわれていたようだが、はたしてそれはドイツの一般的な声なのかどうか。二度目の旅でベルリンへもどったとき、キオスクで買ったばかりの地図をカフェでひろげていると、小柄な、教師風の人が横からのぞきこみ、ヒルシュベルクとドイツ名で書かれたポーランド都市を指でおさえ、祖父や父のいた町だと言った。古い教会があり、きれいな川が流れている。父にもらった写真が一枚だけあるが、家の中庭にカシの大木があって、日曜日にはその下で一家そろって食事をしたという。

「この夏、家族旅行をします」

旅のプランを思案する人の表情で、そのドイツ人はたのしそうに言った。父の故郷を子供たちに教えておきたい。

「カシの木の下で昼食とはいかないでしょうが」

EUがドイツの「ひとり勝ち」などといわれるのは、急速に経済力をつけてきたポーランドやバルト三国、また東欧圏を背後にもつからである。ドイツ産業界にとって、強力な顧客が控えている。力ずくで東部領から追い出された人々の流れは、いまや産業とコマーシャリズムの太い物流となって逆に流れている。三度目の東プロシア旅行では、そんな物流のメッセンジャー役の観光業に目をとめていた。ベルリン在のドクター・マイヤーとは、あれ以来、縁が切れている。メディアを駆使する新興ビジネスマンにとって、メールすら使えないプロフェッサーは相手にするに足りないのだ。

あとがき

最初の東プロシア旅行は目的がはっきりしていた。ドイツのノーベル賞作家ギュンター・グラスが新作を発表、集英社に翻訳をたのまれた。二〇〇二年のことである。一読して興味を覚え、承諾した。ただ、ちょっとした条件をつけた。グラスの生地を訪ね、あわせて小説の舞台を歩いてみたい。よりよい翻訳をするためには、現地の知識が不可欠であろう。旅費は自前、ついては紀行記を書くから、それを雑誌に載せてもらえないか――。

多少とも身勝手であれ、もっともな、断りにくい注文である。旅費不要というのも手助けしたのか、たのみごとが聞き入れられて、勇躍ポーランドへ旅立った。たしかに翻訳のための下準備を考えていたが、それ以上に未知の土地へ行けるのがうれしかった。そのせいか、ノーベル賞作家の故里よりもワルシャワに長くいたし、小説と無関係にあちこち足をのばした。そして未知の土地以上に未知の歴史に目をひらかれた。

グラスの新作は『蟹の横歩き』というヘンなタイトルだった。彼は画家でもあって、当人の描いた二匹の蟹が表紙に使われていた。どんな小説なのか、タイトルからは、まるきりわからない。ドイツの版元がキャッチコピーをつけていた。

「史上最大の海難事故！　戦後ドイツのタブーに迫る！」

タイトルの意味は、かなり読みすすんでやっとわかった。知られるように、蟹は歩くとき前へ行けない。横にすすむ。右と左に往きつもどりつしながら前進する。そんな歩き方を小説の書き方に応用した。

キャッチコピーの意味は、読み終わってからわかってきた。ナチス・ドイツ時代の豪華客船ヴィルヘルム・グストロフ号の海難事故を扱っている。バルト海でソ連海軍潜水艦の水雷をくらって沈没した。死者九千余人。有名なタイタニック号の場合でも、死者は二千をこえなかった。はるかに多くの死者が出たというのに、にもかかわらず海難事故というとタイタニック号がいわれ、グストロフ号など、ついぞ聞いた覚えがない。

つまりがキャッチコピーのいう「戦後ドイツのタブー」と関連していた。戦後にナチスの罪業が糾弾されるなかで、ドイツ人被害者の問題は封印された。さらに東ドイツとソ連とは強いきずなで結ばれており、「友好国」の戦争犯罪を言い立てるわけにはいかないのだ。

東西ドイツ統一のあと、旧東ドイツ政府の秘密文書が次々と出てきた。半世紀あまりタブーであったことを書く条件はととのったが、うかつに糾弾すると、思惑がらみで極右グループに利用されかねない。そこでグラスは蟹にならって「横歩き」スタイルを採用したようなのだ。慎重に往きつもどりつしつつ、それをさとられぬままに前進する。私は筋金入りの作家魂といったものに立ち会った気がした。

訳書は二〇〇三年三月に本になった。日本語版のキャッチコピーは「ナチス・ドイツ政権末期の悲劇、海運史上最大の惨事が、いま忘却の海から甦る」。ドイツ語版の倍ほど長くなったのは、ドイツでは自明のことも、日本人読者には言葉にして伝えなくてはならないからだ。訳書が出てからも紀行記の連載はつづき、やっと全十五回で終了した。さして日本人の関心を引きそうにもない土地を丹念にまわられて、「すばる」編集部は閉口したのではなかろうか。

さらに二度、同じ方面に出かけるかたわら、さまざまな本を読み、旅の印象や見聞を確認したり、修正した。ドイツの書店には、いわば「ドイツ難民コーナー」のセクションがあって、『逃亡──東部領からのドイツ人の追放をめぐって』『ドイツ人が去ったとき──東プロシア、シレジア、ズデーテンドイツで、追放後に何が起きたか』といった本が並んでいた。「史上最大の海難事故」を書くにあたり、グラスが参照した本の一部も手に入れた。小説は母と子の回想というかたちをとり、臨月まぢかの若い母親が避難民の一人としてグストロフ号に乗っていて、沈没のあと巡洋艦に救われ、その直後に出産。赤子を抱いてコルベルクに上陸する。作家の想像力の生み出した母子だと思っていたが、資料によると事実だった。一九九五年、グストロフ号沈没五十周年で生存者の集いが催されたとき、五十年後の母と子が紹介された。

翻訳が終わってからも旅をくり返し、書物にあたったのは、関心がグストロフ号事件をこえて大きくひろがっていたからである。気がつくと、たえずバルト海のほとりにいた。それと知らず、自分にとって意味深いところにいたらしい。二〇〇七年、哲学者カントの平和論である『永遠平和のために』を訳した。「高校生にも読める」を目標にして、哲学用語をいっさい使わない日本語にした。難行苦行のあいだ、おりにつけカントの生地の旅にもどっていた。ケーニヒスベルクからカリーニングラードと名がかわり、古都の優雅をすべて剝ぎ取られた都市と、そこを追われたカントの末裔たちを考えた。

二〇一〇年、グラスの『ブリキの太鼓』の新訳を出した。既訳があるにもかかわらず翻訳を引き受けたのは、小説そのものへの興味からだが、いくぶんかは、わざわざ再訪したダンツィヒの記憶があと押ししていた。旅をかさねるにつれ、あまりなじみのない土地の紀行記だったものが、しだいに中身をかえていった。

日本は日本人の国と思い定めて、ごく身近なマイノリティであるアイヌ人すら忘れがちな国民性にとって、多民族・多言語の国や土地は想像が難しい。だが、自称「単一民族」国家こそ、地球上の例外であって、それを最良と考えるほうが異常なのだ。私はおぼつかない東プロシアという消えた「国」のなかに、すこぶる現代的な「国の選別」のヒナ型を見た。生まれた国と育った国、選んだ国と捨てた国。いまや人が国を選び、あるいは捨てる。国そのものが人によって選びとられ、また捨てられる。第二次世界大戦末期に、力ずくで捨てさせられたとき、千二百万人をこえるドイツ「難民」が生まれた。それはからずも、いち早く二十一世紀を先取りしていた。

長らくタブーであったせいで、問題が現実のナマぐささを失い、事実が鮮明に浮き出てくる。政治的思惑と駆け引きの介在した状況の場合、それが隠されていた間は悲劇に見えたのに、事実が明るみに出ると喜劇的にすら思えてくる。幸いにもドイツ人ではない者には、すべてを悲喜劇的な複眼でながめられる。これまで紀行記はいくつか書いたが、一貫して一つのテーマを変化させながら追っていったのは、はじめてのことで、旅自体とともに新鮮なペンの旅をした。

いま述べたとおり、初出は「すばる」（集英社）二〇〇三年一月号―二〇〇四年三月号で、「東プロシア紀行」のタイトルだった。その後の十年のあいだにタイトル、構成、内容が大きく変わり、修正をほどこし、新しい章を書き加えた。その際、みすず書房の編集部の辻井忠男氏のお世話になった。感謝をこめて、ここにしるしておく。

二〇一三年四月

池内　紀

解説

川本三郎
（評論家）

副題に「東プロシアの旅」とあるが、東プロシアといっても現在、この国はない。地図を見ても出ていない。私自身、言われなければ、正確にかつてどこにあったのかよく分からなかった。

ポーランドとバルト三国のひとつリトアニアに挟まれた、バルト海に面した地域。旧ドイツ帝国の一部。第二次世界大戦によってナチス・ドイツが敗れた結果、ソ連領になった。現在、ロシアの飛び地になっている。

ドイツ文学者の池内紀さんは、その消えた国、東プロシアに興味を持ち、二〇〇二年から二〇〇八年にかけ、三度、旅をした。その旅行記である。

ヨーロッパの辺境といっていいこの地を訪ねる日本人は決して多くないから、その点でまず貴重な旅行記になっている。

こんな国があったのか、こういう歴史があったのか。どの話も新鮮で、教えられるところが多い。

東プロシアは、おおまかに言ってドイツの北部と言っていいだろう。歴史は古く、中世にドイツ騎士団が作った町が多い。当然、ドイツ人は、自分たちの国、自分たちの土地という思いが強い。それでもドイツ一色というわけでもない。さまざまな民族が共存していた。

「町ごとに人種の構成がちがっていた。風習も、好みも、食事もちがっていた。ある町はドイツ人が、べつの町はポーランド人がつくり、またべつの町はロシア人、さらにまたべつの町はリトアニア人がつくった。そこにカシューブ人の漁村や、ソルブ人の集落がまじっていた。ゆるやかに住み分けをして、それぞれの風習や好みや伝統に従って生きていた。問題があれば、それぞれが自治権を行使して解決した。どの町にも少数のよそ者がいて、その多くがユダヤ人だった」

人種のモザイクのような国だった。「予算の乏しい町や村の人々は、一つの聖堂で二人の神の儀式をすましたりした」。

その多民族共存の国が、現代史のなかで大国によって翻弄されてゆくのは、第一次世界大戦以後。ヴェルサイユ条約によって、ポーランドがバルト海へと領土を広げた。バルト海に面した港町ダンツィヒ（現在のポーランド領、グダニスク）はどこにも属さない「自由都市」となった。ただ住人の大半はドイツ人だった。

のちに池内紀さんが『ブリキの太鼓』などを訳すことになるギュンター・グラスはこのダンツィヒの出身。池内紀さんの「東プロシアの旅」は、グラスを訳すに当って、その生まれ育った地を見ておきたいという思いから始まった。

第一次世界大戦に敗れたため、ドイツは東プロシアの一部を失なった。だから、ヒトラーは失地回復を求めて、ポーランドに圧力をかけた。

第二次世界大戦は、一九三九年九月一日、ドイツ海軍がダンツィヒ湾のポーランド軍要塞を攻撃した時に始まった。この時のダンツィヒ市街での戦闘の様子は、映画、グラス原作・フォルカー・シュレンドルフ監督の「ブリキの太鼓」（79年）に描かれている。

本書には「狼の巣」という一章がある。ポーランドを制圧したあとヒトラーは、東プロシアに「狼の巣」と呼ばれる秘密基地を作った。対ソ連との戦争に備えての総統大本営だが、東プロシアの森のなかにひそかに作ったのは、ソ連との地理関係を考えてのうえだろうが、かつての東プロシアの栄光を取り戻したいという思いもあっただろう。

「狼の巣」の章のあと、「ヒトラー暗殺未遂事件」の章が続く。一九四四年七月に起きた「ヴァルキューレ」と呼ばれる、未遂に終ったヒトラー暗殺計画が語られる。

二〇〇八年のアメリカ映画、トム・クルーズが暗殺計画の中心人物、シュタウフェンベルク大佐を演じた「ワルキューレ」(ブライアン・シンガー監督)に、この事件は刻明に描かれている。映画好きとしては、あの映画に出てくる狼の巣があったところが東プロシアだったかと、思い至る。

池内紀さんは旅先で知り合った、ケントシンという狼の巣があったところに近いポーランドの町に住む地方史家の案内で、実際に狼の巣の跡を見てまわる。日本人で狼の巣の跡地にまで足をのばした旅行者はそうはいないのではないか。

貴重な記録になっている。こんな文章にも着目したい。「記念公園の片隅に、小さな一つの碑があった。ヒトラー暗殺計画に立ち上がり、果敢に行動し、無念の死をみた人々を讃えるもので、暗殺未遂四十八年目の一九九二年につくられた」。ポーランド人が作ったという。

ナチス・ドイツの軍人のなかにもヒトラーに抵抗した心ある者がいたことの証しの碑である。池内紀さんは、その小さな碑を見逃していない。

二〇一九年八月に急逝した池内紀さんの生前の最後の著書は、『ヒトラーの時代　ドイツ国民はなぜ独裁者に熱狂したのか』（中公新書、二〇一九年）だが、本書を読むと、ヒトラーの時代に早くから深い関心を持っていたことが分かる。

自分の愛するドイツ文学を産んだ国がどうしてヒトラーのような独裁者を支持してしまったのか。心あるドイツ文学者として、ゲーテやカフカ、ギュンター・グラスやケストナーなどを訳しながら、池内紀さんはそのことが片時も頭から離れなかったに違いない。

東プロシアだった土地を訪れ、わざわざ狼の巣にまで足を運ぶのは、「なぜヒトラーを」の長年の疑問ゆえだろう。

旅行の仕方には、いま目の前の風景に魅了されて、その風景を語る現在形の旅と、他方、眼前の風景の向うに過去を重ね合わせる歴史の旅とがある。池内紀さんの旅の方法はあきらかに後者である。旅する場所が、東プロシアという消えてしまった土地であるからこそ、いっそう過去が貴重のものとして浮かび上がる。池内紀さんの旅と共に、読者は、いまは忘れられた東プロシアが、哲学者のカントや作家のホフマンを生んだ国、さらに天文学で名を残したコペルニクスが長く暮した国であることを知る。

とりわけ、カントの故郷ケーニヒスベルクの印象が深い（現在、ロシア名、カリーニングラード）。カントは生涯、この町を離れることはなかった。カントが、決まった日の決まった時間に父親を訪ねた話はよく知られている。町の人はカントの姿を見て、日と時刻を確認した。

東プロシア時代のケーニヒスベルクは「バルト海の真珠」と呼ばれる、美しい、優雅な町だったという。

それが第二次世界大戦によって破壊された。かつての美しい建物は消えた。「もはや何一つない。わびしげな木立ちの向こうは殺風景な原っぱと、ひっきりなしに車の通る道路と、えんえんとつづくアパート群があるだけ。王宮も王宮教会も美術館も鏡のような湖水も、いっさいが消え失せた」。

戦争がすべてを変えてしまった。


そして何よりも人が消えた。

ソ連のレニングラード戦の勝利によって、ドイツの敗北が濃厚になったあと、ソ連軍の侵攻を怖れたドイツ人が東プロシアから脱出した。多くは難民になった。

この事実は、あまり多くは語られていない。ナチス・ドイツはヒトラーのもと、第二次世界大戦を引き起し、ユダヤ人を大量に虐殺した。誰が見ても、戦争の加害者だった。

だから、戦後、ドイツ人にも戦争の被害者はいたとは語りにくかった。現代史の盲点になっていた。

ドイツ文学者として池内紀さんは、その現代史の隠されてきた暗部に光を当てる。ナチスの権力者と、ドイツの小市民は違うという思いもあったろう。

「グストロフ号出港す」の章が興味深い。東プロシアから逃れてきたドイツ人の難民を乗せたグストロフ号というかつての豪華客船が、バルト海でソ連の潜水艦の攻撃を受け、沈没。九千余名の死者が出たという。かのタイタニック号の死者が二千名弱だったのに比べるといかに多くの犠牲者が出た悲劇だったかが分かるが、この悲劇は、戦後、ナチスの罪業が次々に明らかになるなかで、封印されていた。

ギュンター・グラスは『蟹の横歩き』という奇妙な題の小説で、この悲劇を描いた。「ナチスの過去をもっとも厳しく糾弾してきた作家が、被害者としてのドイツ人の悲劇を描いた」。

池内紀さんは、グラスのこの小説を訳した。そして、歴史から忘れられようとしている国、東プロシアに関心を持ち、旅に出ることを決意した。ナチス批判とは別のところで戦争の死者を追悼したいという思いがあっただろう。さらには、戦争の悲劇の向うに、かつてカントを産んだ東プロイセンの良き時代を思い出したい、という思いもあっただろう。

池内紀さんが後年、カントの『永遠平和のために』を翻訳したことをわれわれは忘れてはならない。

池内紀さんは旅好きだった。書斎の人であるだけではなく、時間を作っては旅に出た。旅先は、観光名所ではない小さな町や村が多かった。ふつう誰も行かないような町をよく旅していた。

海外への旅も同じだった。ニューヨークやロンドン、パリのような世界の中心ではなくかつての東プロシアの小さな町、日本人の多くが知らないような小さな町に行って、そこに歴史を見る。本書は、いかにも池内紀さんの旅から生まれている。

本書は二〇一三年五月、みすず書房より刊行された。

森毅ベスト・エッセイ　森毅　池内紀編

まちがったって、完璧じゃなくたって、人生は楽しい。稀代の数学者が放った教育・社会・歴史他様々なジャンルに渡るしなやかなエッセイを厳選収録！

片想い百人一首　安野光雅

オリジナリティーあふれる本歌取り百人一首とエッセイ。読み進めるうちに、不思議と本歌も頭に入ってきて、いつのまにやらあなたも百人一首の達人に。

井上ひさしベスト・エッセイ　井上ひさし　井上ユリ編

むずかしいことをやさしく……幅広い著作活動を続け、多岐にわたるエッセイを残した「言葉の魔術師」井上ひさしの作品を精選して贈る。（佐藤優）

まちがったっていいじゃないか　森毅

人間、ニブイのも才能だ！　まちがったらやり直せばいい。少年のころを振り返り、若い読者に肩の力をぬかせてくれる人生論。（赤木かん子）

老いの生きかた　鶴見俊輔編

限られた時間の中で、いかに充実した人生を過ごすかを探る十八篇の名文。来るべき日にむけて考えるヒントになるエッセイ集。

柴田元幸ベスト・エッセイ　柴田元幸編著

例文が異常に面白い辞書。名曲の斬新過ぎる解釈。そして工業地帯で育った日々の記憶。名翻訳家が自ら選んだ、文庫オリジナル決定版。

雨の日はソファで散歩　種村季弘

雨が降っている。外に出るのが億劫だ……稀代のエンサイクロペディストが死の予感を抱きつつ綴った文章を自ら編んだ最後のエッセイ集。

ねにもつタイプ　岸本佐知子

何となく気になることにこだわる、ねにもつ。思索、奇想、妄想はばたく脳内ワールドをリズミカルな名短文でつづる。第23回講談社エッセイ賞受賞。

なんらかの事情　岸本佐知子

エッセイ？　妄想？　それとも短篇小説？　……モヤッとするのに心地よい！　翻訳家・岸本佐知子の頭の中を覗くような可笑しな世界へようこそ！

パンツの面目ふんどしの沽券　米原万里

キリストの下着はパンツか腰巻か？　幼い日にめばえた疑問を手がかりに、人類史上の謎に挑んだ、抱腹絶倒&禁断のエッセイ。（井上章一）

ヨーロッパぶらりぶらり　山下清

「パンツをはかない男の像はにが手」「人魚のおしりは人間か魚かわからない」。〝裸の大将〟の眼に映ったヨーロッパは？　細密画入り。（赤瀬川原平）

東京の戦争　吉村昭

東京初空襲の米軍機に遭遇した話、寄席に通った話。少年の目に映った戦時下・戦後の庶民生活を活き活きと描く珠玉の回想記。（小林信彦）

モロッコ流謫　四方田犬彦

ボウルズ、バロウズ、ジュネ、石川三四郎……作家たちの運命を変えた地の魅力に迫る紀行エッセイ。第11回伊藤整文学賞、第16回講談社エッセイ賞受賞。

劇画 ヒットラー　水木しげる

ドイツ民衆を熱狂させた独裁者アドルフ・ヒットラーとはどんな人間だったのか。ヒットラー誕生からその死まで、骨太な筆致で描く伝記漫画。

水木しげるのラバウル戦記　水木しげる

太平洋戦争の激戦地ラバウル。その戦闘に一兵卒として送り込まれ、九死に一生をえた作者が、体験が鮮明な時期に描いた絵物語風の戦記。

ねぼけ人生〈新装版〉　水木しげる

戦争で片腕を喪失、紙芝居・貸本漫画の時代と、波瀾万丈の人生を、楽天的に生きぬいてきた水木しげるの、面白くも哀しい半生記。（呉智英）

あの世の事典　水木しげる

あの世にはいったい何が待ち受けているのだろうか？　世界中の人々が考えた〝あの世〟のイメージを文章と絵でまとめた、恐怖の大霊界事典。

妖怪天国　水木しげる

「古稀」を過ぎた今も締切に追われる忙しい日々をボヤキつつ「妖怪」と聞くだけで元気になる水木センセイの面白エッセイ集。（南伸坊）

人生をいじくり回してはいけない　水木しげる

水木サンが見たこの世の地獄と天国。人生、自然の流れに身を委ね、のんびり暮らそうというエッセイ。推薦文＝外山滋比古、中川翔子。（大泉実成）

オレって老人？　南伸坊

「自分が死ぬことは考えないことにしている」。戸惑いつつも「老い」を受け入れ、「笑い」に変えつつ深く考える、シンボー流「老い」の哲学エッセイ。

東條英機と天皇の時代　保阪正康

日本の現代史上、避けて通ることのできない存在である東條英機。軍人から戦争指導者へ、そして極東裁判に至る生涯を通して、昭和期日本の実像に迫る。（清水潔）

戦場体験者　保阪正康

終戦から70年が過ぎ、戦地を体験した人々が少なくなる中、戦場の記録と記憶をどう受け継ぎ歴史に刻んでゆくのか。力作ノンフィクション。（清水潔）

ハーメルンの笛吹き男　阿部謹也

「笛吹き男」伝説の裏に隠された謎はなにか？　十三世紀ヨーロッパの小さな村で起きた事件を手がかりに中世における「差別」を解明。（石牟礼道子）

荘子と遊ぶ　玄侑宗久

『荘子』はすこぶる面白い。読んでいると「常識」という桎梏から解放される。魅力的な言語世界を味わいながら、現代的な解釈を試みる。（ドリアン助川）

父が子に語る日本史　小島毅

歴史の見方に「唯一」なんてあり得ない。君にはそれを知ってほしい――。一国史的視点から解放される、ユーモア溢れる日本史ガイド！（保立道久）

父が子に語る近現代史　小島毅

日本の歴史は、日本だけでは語れない――。未来の世代に今だからこそ届けたい！　ユーモア溢れる大人気日本史ガイド・待望の近現代史篇。（出口治明）

生き延びるためのラカン　斎藤環

幻想と現実が接近しているこの世界で、できるだけリアルに生き延びるためのラカン解説書にして精神分析入門書。カバー絵・荒木飛呂彦（中島義道）

被差別部落の伝承と生活　柴田道子

半世紀前に五十余の被差別部落、百人を超える人々から行なった聞書集。暮らしや民俗、差別との闘い。語りに込められた人々の思いとは。（横田雄一）

ヒトラーのウィーン　中島義道

最も美しいものと最も醜いものが同居する都市ウィーンで、二十世紀最大の「怪物」はどのような青春を送り、そして挫折したのか。（加藤尚武）

建築探偵の冒険・東京篇　藤森照信

街を歩きまわり、古い建物、変わった建物を発見し調査する〝東京建築探偵団〟の主唱者による、建築をめぐる不思議で面白い話の数々。（山下洋輔）

食べちゃいたい　佐野洋子

じゃがいもはセクシー、ブロッコリーは色っぽい、玉ねぎはコケティッシュ……。なめて、かじって、のみこんで。野菜主演のエロチック・コント集。

問題があります　佐野洋子

中国で迎えた終戦の記憶から極貧の美大生時代、読まずにいられない本の話など。単行本未収録作品を追加した、愛と笑いのエッセイ集。（長嶋有）

旅に出る　ゴトゴト揺られて本と酒　椎名誠

旅の読書は、漂流モノと無人島モノと一点こだわりガンコ本！　本と旅とそれから派生していく自由な思いのつまったエッセイ集。（竹田聡一郎）

寝ころび読書の旅に出た　椎名誠

いつか探検隊に入るのだ！と心躍らせた小学生時代から現在までに読んだ、冒険譚、旅行記、科学もの、SFまで。著者の原点となる読書エッセイ。

イギリスだより　カレル・チャペック旅行記コレクション　カレル・チャペック　飯島周編訳

風俗を描かせたら文章も絵もピカ一のチャペック。イングランド各地をまわった楽しいスケッチ満載で、今も変わらぬイギリス人の愛らしさが冴える。

スペイン旅行記　カレル・チャペック旅行記コレクション　カレル・チャペック　飯島周編訳

描きたいものに事欠かないスペイン。酒場だファサードだ闘牛だフラメンコだ、興奮気味にその楽しさを語りスケッチを描く、旅エッセイの真骨頂。

北欧の旅　カレル・チャペック旅行記コレクション　カレル・チャペック　飯島周編訳

そこには森とフィヨルドと牛と素朴な人々の暮らしがあった。デンマーク、ノルウェー、スウェーデンを鉄道と船でゆったりと旅した記録。本邦初訳。

オランダ絵図　カレル・チャペック旅行記コレクション　カレル・チャペック　飯島周編訳

そこにあるのは、水車、吊り橋、ボート、牛、そして自転車。ヨーロッパの中の小さな小さな国に、チャペックが大きな世界と民族を見る見聞記。

おい、丼《どん》　満腹どんぶりアンソロジー　ちくま文庫編集部編

天丼、カツ丼、牛丼、海鮮丼に鰻丼。こだわりの食べ方、懐かしい味から思いもよらぬ珍丼まで作家・著名人の「丼愛」が迸る名エッセイ50篇。

わかっちゃいるけど、ギャンブル！　ひりひり賭け事アンソロジー　ちくま文庫編集部編

勝てば天国、負けたら地獄。麻雀、競馬から花札や手本引きまで、ギャンブルに魅せられた作家たちの名エッセイを集めたオリジナルアンソロジー。

殿山泰司ベスト・エッセイ 殿山泰司 大庭萱朗 編

独自の文体と反骨精神で読者を魅了する性格俳優、故・殿山泰司の自伝エッセイ、撮影日記、ジャズ、政治評。未収録エッセイも多数！（戌井昭人）

水辺にて 梨木香歩

川のにおい、風のそよぎ、木々や生き物の息づかい。カヤックで水辺に漕ぎ出すと見えてくる世界を、物語の予感いっぱいに語るエッセイ。（酒井秀夫）

中島らもエッセイ・コレクション 中島らも 小堀純 編

小説家、戯曲家、ミュージシャンなど幅広い活躍で没後なお人気の中島らもの魅力を凝縮！ 酒と文学とエンターテインメント。（いとうせいこう）

買えない味 平松洋子

一晩寝かしたお芋の煮っころがし、土瓶で淹れた番茶、風にあてた干し豚の滋味……日常の中にこそある、おいしさを綴ったエッセイ集。（中島京子）

買えない味2
はっとする味 平松洋子

刻みパセリをたっぷり入れたオムレツの味わいの豊かさ、ペンチで砕いた胡椒の華麗な破壊力……身近なものたちの隠された味を発見！（室井滋）

買えない味3
おいしさのタネ 平松洋子

料理の待ち時間も、路地裏で迷いに迷ってお店を見つける時間も……全部味のうち。味にまつわる風景を綴ったエッセイ48篇。カラー写真も多数収録。

花の命はノー・フューチャー ブレイディみかこ

移民、パンク、LGBT、貧困層。地べたから見た英国社会をスカッとした笑いとともに描く。200頁分の大幅増補！ 帯文＝佐藤亜紀（栗原康）

アンビエント・ドライヴァー 細野晴臣

はっぴいえんど、YMO……日本のポップシーンで様々な花を咲かせ続ける著者の進化し続ける自己省察。帯文＝小山田圭吾（テイ・トウワ）

貧乏サヴァラン 森茉莉 早川暢子 編

オムレット、ボルドオ風茸料理、野菜の牛酪煮……。食いしん坊茉莉は料理自慢。香り豊かな〝茉莉ことば〟で綴られる垂涎の食エッセイ。文庫オリジナル。

紅茶と薔薇の日々 森茉莉 早川茉莉 編

天皇陛下のお菓子に洋食店の味、庭に実る木苺……森鷗外の娘にして無類の食いしん坊、森茉莉が描く懐かしく愛おしい美味の世界。（辛酸なめ子）

贅沢貧乏のお洒落帖　森茉莉　早川茉莉 編

鷗外見立ての晴れ着、巴里の香水……江戸の粋と巴里のエレガンスに彩られた森茉莉のお洒落。全集未収録作品を含む宝石箱アンソロジー。（黒柳徹子）

幸福はただ私の部屋の中だけに　森茉莉　早川茉莉 編

好きな場所は本や雑誌の堆積の下。アニゼットの空瓶に夜の燈火が映る部屋。子どもの視線を持つ作家・森茉莉の生活と人生のエッセイ。（松田青子）

父と私 恋愛のようなもの　森茉莉　早川茉莉 編

「パッパとの思い出」を詰め込んだ蜜の箱。甘く優しく、それゆえ切なく痛いアンソロジー。単行本未収録16編を含む51編を収録。（堀口すみれ子）

言葉を育てる 米原万里対談集　米原万里

この毒舌が、もう聞けない……類い稀なる言葉の遣い手、米原万里さんの最初で最後の対談集。VS.林真理子、児玉清、田丸公美子、糸井重里ほか。

氷　アンナ・カヴァン　山田和子 訳

氷が全世界を覆いつくそうとしていた。私は少女の行方を必死に探し求める。恐ろしくも美しい終末のヴィジョンで読者を魅了した伝説的名作。

アサイラム・ピース　アンナ・カヴァン　山田和子 訳

出口なしの閉塞感と絶対の孤独、謎と不条理に満ちた世界を先鋭的スタイルで描き、作家アンナ・カヴァンの誕生を告げた最初の傑作。（皆川博子）

猫語のノート　ポール・ギャリコ　西川治 写真　灰島かり 訳

猫たちのつぶやきを集めた小さなノート。その時の猫たちの思いが写真とともに1冊になった。『猫語の教科書』姉妹篇。（大島弓子・角田光代）

スロー・ラーナー［新装版］　トマス・ピンチョン　志村正雄 訳

著者自身がまとめた初期短篇集。「謎の巨匠」がみずからの作家生活を回顧する序文を付した話題作。驚異に満ちた世界。（高橋源一郎、宮沢章夫）

ブコウスキーの酔いどれ紀行　チャールズ・ブコウスキー　中川五郎 訳

泥酔、喧嘩、二日酔い。酔いどれエピソードと嘆き節がぶつかり合う、伝説的カルト作家による笑いと涙の紀行エッセイ。（佐渡島庸平）

ありきたりの狂気の物語　チャールズ・ブコウスキー　青野聰 訳

すべてに見放されたサイテーな毎日。その一瞬の狂った輝きを切り取る、伝説的カルト作家の愛と笑いと哀しみに満ちた異色短篇集。（戌井昭人）

ちくま文庫

消《き》えた国《くに》 追《お》われた人々《ひとびと》 東《ひがし》プロシアの旅《たび》

二〇一九年十二月十日 第一刷発行

著 者 池内紀（いけうち・おさむ）

発行者 喜入冬子

発行所 株式会社 筑摩書房

東京都台東区蔵前二―五―三 〒一一一―八七五五

電話番号 〇三―五六八七―二六〇一（代表）

装幀者 安野光雅

印刷所 中央精版印刷株式会社

製本所 中央精版印刷株式会社

ISBN978-4-480-43634-4 C0195